Escutando Sentimentos

A Atitude de Amar-nos como Merecemos

Wanderley Oliveira
pelo Espírito
Ermance Dufaux

Série
Harmonia Interior

Dufaux
editora

ESCUTANDO SENTIMENTOS

Copyright © 2006 by Wanderley Oliveira

2ª Edição | fevereiro de 2014 | do 67º ao 71º milheiro
21ª reimpressão | maio de 2020 | do 78,3º a 79,4º milheiro

Dados Internacionais de Catalogação Pública

DUFAUX, Ermance
Escutando Sentimentos / Ermance Dufaux (Espírito);
psicografado por Wanderley Oliveira.

Belo Horizonte : Dufaux, 2006.

257 p.   16x23cm
ISBN: 978-85-63365-03-3

| 1. Espiritismo. | 2. Psicografia. |
| I. OLIVEIRA, Wanderley | II. Título. |

CDU. 139.9

Impresso no Brasil   Printed in Brazil   Presita en Brazilo

EDITORA DUFAUX
Rua Contria, 759 – Alto Barroca
Belo Horizonte – MG – Brasil - CEP: 30.431-028
Telefone: (31) 3347-1531
comercial@editoradufaux.com.br
www.editoradufaux.com.br

Conforme novo acordo ortográfico da língua portuguesa ratificado em 2008.

Os direitos autorais desta obra foram cedidos pelo médium Wanderley Oliveira à Sociedade Espírita Ermance Dufaux (SEED). Todos os direitos reservados à Editora Dufaux. É proibida a sua reprodução parcial ou total através de qualquer forma, meio ou processo eletrônico, digital, fotocópia, microfilme, internet, cd-rom, dvd, dentre outros, sem prévia e expressa autorização da editora, nos termos da Lei 9.610/98 que regulamenta os direitos de autor e conexos.

"Que eu faça um mendigo sentar-se à minha mesa, que eu perdoe aquele que me ofende e me esforce por amar, inclusive o meu inimigo, em nome de Cristo, tudo isto, naturalmente, não deixa de ser uma grande virtude. O que faço ao menor dos meus irmãos é ao próprio Cristo que faço. Mas o que acontecerá, se descubro, porventura, que o menor, o mais miserável de todos, o mais pobre dos mendigos, o mais insolente dos meus caluniadores, o meu inimigo, reside dentro de mim, sou eu mesmo, e precisa da esmola da minha bondade, e que eu mesmo sou o inimigo que é necessário amar?" – Carl Gustav Jung

The Collected Works of CG Jung – Volume 11, par. 520.

"Pugnemos por essa linha transformadora. Cérebro instruído, coração sensibilizado, mãos operosas e grupos afetivos. Resumamos assim nossa alocução: homens educados na mensagem de Jesus, instituições inspiradas na 'Casa do Caminho'. Contra isso não há egoísmo que persista!!!"

Eurípedes Barsanulfo.
Opúsculo Atitude de Amor – Editora Dufaux.

Oração pelo Amor

"Senhor,
Estamos exaustos devido os caminhos tortuosos que escolhemos seguir.
Escolhemos o desamor e tombamos na decepção e na revolta.
Assegura-nos rumos novos.
Ante o convite da ilusão, fortifica-nos para fugirmos dos atalhos e aderirmos à Verdade.
Falta-nos força e coragem para amar como deveríamos. Por isso Te rogamos que supra nossas inibições.
Encoraja-nos a zelar com carinho por aqueles que deliberadamente não nos querem bem.
Amplia-nos o discernimento no uso do equilíbrio com quantos fortalecem com amor Tua participação em nossos passos.
Jesus, ensina-nos o amor para que vivamos no coração os sublimes sentimentos que há muito louvamos na palavra e esquecemos ou não sabemos como aplicar.
Permita-nos aprender a gostar da vida e amar a nós mesmos, enaltecendo o mundo com a cooperação na Obra Excelsa do Pai e celebrando a dádiva da vida em nossos caminhos de cada dia.
Pela súplica sincera que brota de nossa alma nesta hora, de nós receba, hoje e sempre, a gratidão de quantos te devem tanto por receber mais que merecemos do Teu inesgotável amor.
Obrigada, Senhor!"

Ermance Dufaux.

Sumário

Prefácio

Escutando a Alma – Ermance Dufaux..............................13

Na acústica da alma existem mensagens sobre o Plano do Criador para nosso destino. Aprender a ouvi-las é exercitar, diariamente, a plena atenção aos ditames libertadores dos sentimentos. Interferências internas e externas subtraem-nos, constantemente, a apreensão desses recados do coração.

Apresentação

Jaider Rodrigues de Paula..25

Introdução

A Rota dos Filhos Pródigos – Calderaro 29

Nesta hora grave pela qual passa a Terra, um destrutivo sentimento de indignidade aninha-se na vida psicológica dos homens. Raríssimos corações escapam dos efeitos de semelhante tragédia espiritual, causadora de feridas diversas. Uma dolorosa sensação de inadequação e desvalor pessoal assoma o campo das emoções com efeitos lastimáveis.

01. Individuação ou Individualismo?..............................41

Na individuação o critério certo/errado é substituído pelas perguntas: convém ou não? Serve ou não serve? Questões cujas respostas vêm do *coração. Somente aprendendo a linguagem dos sentimentos poderemos escutar as mensagens da alma destinadas ao ato de individuar-se.*

02. Receituário Oportuno 47

Há muito espírita que faz da atividade doutrinária um "depósito bancário" com intuito de "sacar tudo depois da morte". Em casos como o de Anselmo, chegam aqui e encontram suas "contas concorrentes" zeradas. Sendo assim é justo que perguntem sobre a razão, mas não é justo que se queixem de ninguém, a não ser de si mesmos.

03. Educação para o Autoamor 61

O autoamor é um aprendizado de longa duração. Conectar seu conceito a fórmulas comportamentais para aquisição de felicidade instantânea, é uma atitude própria de quantos se exasperam com a procura do imediatismo. Amar é uma lição para a eternidade.

04. Infortúnio Oculto nos Grupos Doutrinários 71

Quem analisa um orador, um médium, um dirigente, um tarefeiro iluminado com as luzes da cultura espírita, enquanto em suas movimentações doutrinárias, não imagina a dor íntima que atinge muitos deles na esfera de suas provas silenciosas no reino do coração.

05. Estufas Psíquicas da Depressão 77

Devido aos programas coletivos de saneamento psíquico da Terra orientados pelo Mais Alto, vivemos um momento histórico. Nunca foram alcançados índices tão significativos de resgate e socorro nos atoleiros morais da erraticidade. Consequentemente, eleva-se o número de espíritos que regressam ao corpo carnal sob custódia do remorso.

06. Identidade Cósmica 85

Quem se ama imuniza-se contra as mágoas, guarda serenidade perante acusações, desapega-se da exterioridade como condição para o bem-estar, foca as soluções e valores, cultiva indulgência com o semelhante, tem prazer de viver e colabora espontaneamente com o bem de todos e de tudo.

07. Carta de Misericórdia 91

Segundo o benfeitor Calderaro, o capítulo dez de O evangelho segundo o espiritismo, Os Que São Misericordiosos, deveria ser um dos textos mais estudados entre nós, os seguidores da Doutrina Espírita.

Os ambientes educativos dos centros espíritas que não cultivarem a misericórdia terão enormes obstáculos com o conflito improdutivo – resultado da maledicência e da hipocrisia, da severidade e da intolerância.

08. Estudando a Arrogância I 103

Interessante observar que uma das propriedades psicológicas doentias mais presentes na estrutura rebelde da arrogância é a incapacidade para percebê-la. Efeito mais habitual de sua ação na mente humana. Basta destacar que dificilmente aceitamos ser adjetivados de arrogantes.

09. Estudando a Arrogância II 115

O reflexo mais saliente do ato de arrogar é a disputa pela apropriação da Verdade. Nossa necessidade compulsiva de estarmos sempre com a razão expressa a ação egoísta pela posse da Verdade, isto é, daquilo que chancelamos como sendo a Verdade.

10. Sombra Amigável 125

Quando digo "sou minha sombra" não significa que eu tenha que viver conforme a sua orientação, mas, admiti-la, entender suas mensagens.

A sombra só é ameaça quando não é reconhecida. Só pode ser prejudicial quando negligenciamos identificá-la com atenção, respeito e afabilidade.

11. Uma Leitura para o Coração 133

A Doutrina Espírita é a medicação recuperativa das nossas vidas. Sua "substância ativa" é o Evangelho. Sua "bula" é estritamente individual. Para cada um haverá uma dosagem e forma de aplicação.

12. Santidade dos Médiuns 137

Mediunidade é o instrumento da vida para desenvolvimento da santidade. Santidade é esculpir no coração a sensibilidade elevada. Sensibilidade é a medicação reparadora para as almas que *tombaram na descrença e na apatia perante o mundo, esquecendo-se de cooperar com o Pai na Obra da Criação.*

13. Nossa Maior Defesa 149

A pior consequência da falta de autonomia é medir o valor pessoal pela avaliação que as pessoas fazem de nós. Por medo de rejeição, em muitas situações, agimos contra os sentimentos apenas para agradar e sentir-se incluído. Quem se define pelo outro, necessariamente tombará em conflitos e decepções.

14. Cisão de reino I 159

Estudos Maiores feitos pelos Condutores Planetários denominam essa situação de regressão ou involução como cisão de reino, o desejo do Espírito em não assumir sua condição excelsa de homem lúcido e consciente perante o universo.

15. Cisão de reino II 165

Por essa razão, os trabalhadores do Cristo que conduzem as casas de amor, devem se munir dos recursos do Evangelho no coração, para absorverem a proteção dos Servidores do Bem a que se fazem dignos. Nem sempre, porém, temos observado esse cuidado. Os próprios aprendizes trazem em si mesmos, traços similares de tristeza e inconformação, revolta e rebeldia, decorrentes de ciclos emocionais de disputa arrogante e complexa.

16. Meditação: Cuidando da Criança Interior 175

As crianças são fantásticas nas relações por não nutrirem expectativas na convivência, desobrigando-se de cobranças, ofensas, insatisfações e aborrecimentos.

Aceitar as pessoas como elas são e respeitar-lhes a caminhada é medida salutar de paz. Aceitar-se como se é sem condenações estéreis e críticas impiedosas é a base de uma vida saudável.

17. Pedagogia da Felicidade 183

Uma pedagogia de felicidade deve assentar-se no autoamor em busca do self reluzente. Desenvolver as habilidades da inteligência espiritual tais como autoconsciência, resiliência, visão holística, alteridade, autoconfiança, curiosidade, criatividade, disciplina no adiamento das gratificações, sensibilidade, compaixão, naturalidade.

18. Sentimento e Obsessão............191

O conceito de vigilância vai muito além de disciplinar os pensamentos. É no campo do sentimento que nasce a maioria das obsessões. A capacidade de pensar livre ou decidir por nós é quase nula no concerto universal. Vivemos em regime de contínuo intercâmbio e interdependência.

19. Que Sentimos Sobre Nós?............199

O primeiro ato educativo na construção do valor pessoal é diluir a ilusão da inferioridade. Buscar as raízes do desamor que usamos conosco. O Criador nos ama como somos. Temos um nobre significado para Deus. Somente nós, por enquanto, ainda não descobrimos o valor que possuímos.

20. A Palestra de Calderaro 205

De onde vim? Para onde vou? Que faço na Terra? Que quero da vida? Que os centros espíritas tomem como meta neste século dos sentimentos o compromisso de auxiliar os seres humanos a investigarem suas reais propostas existenciais, ajudando-os a viver em paz. Ainda mesmo, e principalmente, se os seus destinos forem contrários às nossas expectativas.

Epílogo

O Que Buscamos na Vida?............221

Quanto mais consciência de nossas necessidades e valores, mais clareza possuímos diante de nossa intenção básica, aquela que norteia a rota evolutiva do Ser. Compreendamos que essa consciência de si não é uma noção racional, mas sentida. Muita diferença existe entre dizer "sei que preciso" e "sinto que preciso."

Prefácio

Escutando a Alma

"Ouça quem tem ouvidos de ouvir."

O evangelho segundo o espiritismo – capítulo 17 – item 5

Os apontamentos aqui organizados buscam atender às preces angustiadas de milhões de almas que anseiam a felicidade sem saber como e o que fazer para alcançá-la.

Inúmeras dessas rogativas partem de corações queridos iluminados com o conhecimento espírita. Aflitos uns, desanimados outros, que apesar do clarão do saber doutrinário, sentem-se frustrados ao examinarem sua vida interior. Tarefas e orientação, prece e esforço, segundo suas súplicas, não têm sido suficientes. Continuam, dia após dia, carregando o martírio mental sem soluções ou alternativas de sossego e paz interior.

Adentramos o período da maioridade. O Espiritismo é uma semente viçosa e promissora cultivada com sacrifício e renúncia por lavradores heroicos. Contudo, de que servirá as sementes se não forem lançadas no terreno fértil? É sob o Sol escaldante deste momento de transição que nos compete lavrar o chão e dominar o arado para o plantio de um novo tempo na própria intimidade.

O período de maioridade das ideias espíritas será alcançado com a instauração das atitudes de amor em nossas relações.

Para isso, torna-se indispensável aprofundar a investigação mental no reino subjetivo dos sentimentos.

Quando conseguirmos melhor desenvoltura para mapear nossa vida moral com intenções nobres, renovaremos a conduta manifestando serenidade e autocontrole. O caminho é o mesmo para todos, é universal: o bem e o amor. A forma de caminhar, porém, é essencialmente individual e particular.

A mensagem espírita, em muitas ocasiões, é difundida como ameaça e recebida como tormenta por muitos adeptos. Ressaltam excessivamente as feridas, estipulam rigidez de conduta e excessos normativos. Urge dar um novo sentido à mensagem consoladora. A Doutrina Espírita é a Boa Nova dos tempos modernos. Sua mais nobre característica consoladora somente será comprovada quando seus postulados estiverem a serviço da libertação de consciências, através da responsabilidade e do amor.

Nas preces angustiadas de muitos adeptos, ouvimos as indagações: "O que me falta fazer para ser feliz?", "Onde estou falhando?", "Será uma obsessão que me persegue?", "Por que me encontro assim?", "Não deveria estar melhor?", "Como harmonizar padrões doutrinários com sentimentos pessoais?." E as questões multiplicam-se ao infinito, traduzindo apelos comoventes e dúvidas sinceras.

A pedido de doutor Bezerra de Menezes – amorável tutor das dores humanas – destinamos ao mundo físico este volume singelo. Aqui anotamos alguns ensinos inesquecíveis que marcaram a visita de uma semana do instrutor Calderaro ao Hospital Esperança, cuja missão foi a realização de serviços complexos nas mais profundas plagas de sofrimento da erraticidade.

Ermance Dufaux

Nossos núcleos de amor cristão e espírita alicerçaram bases seguras para a informação doutrinária no século 20. Compete-nos agora semear o afeto, as propostas renovadoras do coração, o desenvolvimento das habilidades emocionais. O século 21 é o século do sentimento.

Trabalhar pelo desenvolvimento dos potenciais e das virtudes humanas, esse o objetivo sagrado da mensagem imortalista do Espiritismo no século 21. Educar para ser, educar para conviver bem consigo, educar para ser feliz, eis os pilares da harmonia interior e da felicidade à luz do Espírito imortal neste século do coração.

A informação consola e instrui. A transformação liberta e moraliza.

A informação impulsiona. A transformação descobre.

Os informados pensam. Os transformados criam.

A teoria impulsiona a busca de novos valores. A reeducação dos sentimentos enseja a paz interior.

As diretrizes doutrinárias estimulam convenções que servem de limites disciplinadores. A renovação da sensibilidade conduz-nos ao encontro da singularidade que permite a plenitude íntima.

Inteligência – o instrumento evolutivo para as conquistas de fora.

Sentimento – conquista evolutiva para aquisições íntimas.

Na acústica da alma existem mensagens sobre o Plano do Criador para nosso destino. Aprender a ouvi-las é exercitar, diariamente, a plena atenção aos ditames libertadores dos sentimentos. Interferências internas e externas

Escutando Sentimentos

subtraem-nos, constantemente, a apreensão desses recados do coração.

Escutar os sentimentos não significa adotá-los prontamente, mas aceitá-los em nossa intimidade e criar uma relação amigável com todos eles. Aceitá-los sem reprimir ou se envergonhar. Essa atitude é o primeiro passo para um diálogo educativo com nosso mundo íntimo. Somente assim teremos uma conexão com nossa real identidade psicológica, possibilitando a rica aventura do autodescobrimento no rumo da singularidade – a identidade cósmica do Espírito.

Escutar os sentimentos é cuidar de si, amar a si mesmo. É uma mudança de atitude consigo. O ato de existir ocorre no sentimento. Quem pensa corretamente sobrevive; quem sente nobremente existe. O pensamento é a janela para a realidade; o sentimento é o ponto de encontro com a Verdade. É pela nossa forma de sentir a vida que nos tornamos singulares, únicos e celebramos a individualidade. Quando entramos em sintonia com nossa exclusividade e manifestamos o que somos, a felicidade acontece em nossas vidas.

O sentimento é a maior conquista evolutiva do Espírito. Aprendendo a escutá-lo, estaremos entendendo melhor a nossa alma. Não existe um só sentimento que não tenha importância no processo do crescimento pessoal. Quando digo a mim mesmo "não posso sentir isto", simplesmente estou desprezando a oportunidade de autoinvestigação, de saber qual é ou quais são as mensagens profundas da vida mental.

O exercício do autoamor está em aprender a ouvir a voz do coração, pois nele residem os ditames para nossa paz e harmonia.

Os sentimentos são guias infalíveis da alma na sua busca de ascensão e liberdade. O autoamor consiste na arte de aprender a escutá-los, estudar a linguagem do coração.

Pela linguagem dos sentimentos, entendemos o apoio do universo a nosso favor. Mas como seguir nossos sentimentos com tantas ilusões? Eis a ingente tarefa de nossos grêmios de amor espírita-cristão: educar para ouvir nossos sentimentos. Radiografar nosso coração. Desenvolver estudos sistematizados de si mesmo.

Temos nos esforçado tanto quanto possível para aplicar as orientações da doutrina com nosso próximo. Mas... E nós? Como cuidar de nós próprios? A proposta libertadora de Jesus estabelece: "amai ao próximo", e acrescenta: "como a ti mesmo".

Os impulsos do *self* não atendidos, com o tempo, transformam-se em tristeza, angústia, desânimo, mau-humor, depressão, irritação, melindre e insatisfação crônica.

Além dos fatores de ordem evolutiva, encontramos danos sociais para a questão da baixa autoestima.

As gerações nascidas na segunda metade do século 20 atingem o alvorecer do século 21 com feridas psicológicas profundas resultantes de uma sociedade repressiva, cujas relações de amor, com raras e heroicas exceções, foram vividas de modo condicional através de exigências. Para ser amada, a criança teve de atender a estereótipos de conduta. Um amor compensatório. Um rigor que afasta o ser humano de sua individualidade soterrando sua vocação, seus instintos, suas habilidades e até mesmo imperfeições. O pior efeito dessa repressão social é a distância que se criou dos sentimentos.

Essa geração pós-guerra vive na atualidade o conflito decorrente de céleres mudanças na educação e na ciência, que constrange ao gigantesco desafio de responder à intrigante questão: quem sou eu?

Paciência, atenção, perdão, tolerância, não julgamento, caridade e tantos outros ensinos do Evangelho que procuramos na relação com o próximo, devem ser aplicados, igualmente, a nós mesmos. Então surge a pergunta: como?

Distante de nós a pretensão de responder. Nossa proposta consiste em oferecer alguns subsídios para pensarmos juntos sobre essa questão. Moveu-nos apenas o sentimento de ser útil, compartilhar vivências que suscitem o debate, a reflexão conjunta, a meditação e o estudo em nossos grupos de amor espírita e cristão. Grupos dispostos a compreender a linguagem emocional sob a ótica da imortalidade.

Temos no Hospital Esperança os grupos de reencontro, que são atividades de psicologia da alma com fins terapêuticos e educacionais – verdadeiras oficinas do sentimento. No plano físico, atividades similares poderão constituir uma autêntica pedagogia de contextualização para a mensagem de amor contida no Evangelho e na codificação Kardequiana.

Nestas páginas oferecemos alguns enfoques elementares para a composição de grupos de estudos à luz da mensagem renovadora do Espiritismo, cujo objetivo seja discutir o ingente desafio de aprender a amar a nós mesmos tanto quanto merecemos, promovendo o desenvolvimento pessoal à luz da imortalidade. Grupos de reencontro que se estruturem como encantadoras oficinas do coração.

Nossos textos nada possuem de conclusivos. Ao contrário, são sugestões singelas com intuito de serem debatidos,

Ermance Dufaux

pesquisados e contestados, visando ampliação do entendimento e uma reformulação de conceitos sobre a arte de sentir e viver. Registramos algumas ideias que nos auxiliam a pensar em nosso bem sem sermos egoístas, conquistarmos autonomia sem vaidade, galgarmos os degraus do autoamor sem arrogância.

Fique claro: autoamor não é treinar o pensamento para beneficiar a si, mas educar o sentimento para escutar Deus em nós. Descobrir nosso valor pessoal na Obra da Criação.

Tecemos nossas considerações inspiradas em *O evangelho segundo o espiritismo*. As palavras imorredouras da Boa Nova constituem o modelo mais completo de psicologia da felicidade para os habitantes do planeta Terra.

Façamos o mergulho interior na fala do Mestre: "Ouça quem tem ouvidos de ouvir."

Em outra ocasião "(...) voltou-se para a multidão, e disse: quem tocou nas minhas vestes?"[1] Escutando e auscultando o coração feminino que lhe procurou rico de sensibilidade e afeto.

Escutemos a alma e suas manifestações no coração! Celebremos a experiência de amarmo-nos tanto quanto merecemos!

O eminente doutor Carl Gustav Jung asseverou: "Nenhuma circunstância exterior substitui a experiência interna. E é só à luz dos acontecimentos internos que entendo a mim

---

[1] Mateus 9:29

mesmo. São eles que constituem a singularidade de minha vida"[2].

Escutemos os nossos sentimentos e nossa vida terá mais encanto, alegria e paz.

Nutrida pelas melhores esperanças de cooperar e servir, destino aos leitores e amigos de ideal um abraço afetuoso.

Ermance Dufaux.
Belo Horizonte, setembro de 2006.

---

[2]   C.G.Jung, "Entrevistas e Encontros"; Editora Cultrix

SELF*

"É o arquétipo da totalidade, isto é, tendência existente no inconsciente de todo ser humano à busca do máximo de si mesmo e ao encontro com Deus. É o centro organizador da psiquê. É o centro do aparelho psíquico, englobando o consciente e o inconsciente. Como arquétipo, se apresenta nos sonhos, mitos e contos de fadas como uma personalidade superior, como um rei, um salvador ou um redentor. É uma dimensão da qual o ego evolui e se constitui. O *Self* é o arquétipo central da ordem, da organização. São numerosos os símbolos oníricos do *Self*, a maioria deles aparecendo como figura central no sonho."

(trecho extraído da obra "Mito Pessoal e Destino Humano" do escritor espírita e psicólogo Adenáuer Novaes)

SOMBRA

"É a parte da personalidade que é por nós negada ou desconhecida, cujos conteúdos são incompatíveis com a conduta consciente."

(trecho extraído da obra "Psicologia e Espiritualidade" do escritor espírita e psicólogo Adenáuer Novaes)

---

* **Nota do Médium:** Conceitos Junguianos usados pela autora espiritual na obra.

Apresentação

"Cada espírito, herdeiro e filho do Pai altíssimo, é um mundo em si com as suas leis e características próprias".

André Luiz[1]

---

[1] Trecho extraído do livro *Obreiros da vida eterna*, autor espiritual André Luiz, pela psicografia de Chico Xavier - Editora FEB.

Na grande batalha da vida, cascalhos e pepitas costumam rolarem juntos. Ao garimpeiro cabe a primazia de saber diferenciá-la, a fim de dar a cada um o seu destino próprio. Assim também são os nossos sentimentos.

Necessitamos de coragem e amadurecimento perispiritual para identificá-los, adquirindo condições de retirá-los da penumbra do psiquismo, e utilizá-los como fator transformador da nossa existência.

É muito difícil conviver com fantasmas incitando as nossas dificuldades, e depois nos entregarmos ao tribunal da consciência, onde seremos condenados ao menosprezo. Quem assim vive, jornadeia nos porões da existência, onde apenas pelas frestas da misericórdia do criador, vê réstias de luz.

Como pode o Pai da criação esperar daqueles que assim vivem, colaboração mais efetiva? E estes como sentirem-se herdeiros se vivem na miséria de si mesmos?

Se somos criados à imagem e semelhança de nosso Pai, como conciliar tanta diferença de propósitos?

Ermance nessa obra, com a ajuda de outros mensageiros do mundo maior, vem em nosso socorro, com o intuito de nos orientar, concitando-nos a deixar de sermos os sicários de nós mesmos.

Primeiro, pela didática do conhecimento, vamos retirando as escamas dos olhos, que dificultam a visão do grande destino para o qual fomos criados. Depois, pela busca da expressão do sentir, vamos nos conscientizando, paulatinamente, deste grande destino.

A Doutrina Espírita, quando bem entendida, é para nós um manancial de informações que nos arregimenta condições para este fim.

Louvado seja Deus Nosso Pai por nos oferecer mais essa grande oportunidade, no alvorecer de uma nova era. Bem-aventurados seremos nós, se soubermos aproveitá-la.

Jaider Rodrigues de Paula.[2]

---

2 Médico formado pela Faculdade de Ciências Médicas, Belo Horizonte, MG, com especialização em psiquiatria, homeopatia e Administração Hospitalar. Sócio-fundador e presidente da Associação Médico-Espírita de Minas Gerais. Médico assistente do Hospital Espírita André Luiz (BH). Psiquiatra e psicoterapêuta do Instituto de Assistência Psíquica Renascimento (BH). Expositor espírita, com participação em palestras, seminários e congressos nacionais e internacionais. Co-autor dos livros: *Porque adoecemos* – vol. 1 e 2; *Desafios em saúde mental*; *Hospital espírita André Luiz – uma lar de Jesus*; e *Saúde e espiritismo*.

Introdução

A Rota dos Filhos Pródigos

"Vem um dia em que ao culpado, cansado de sofrer, com o orgulho afinal abatido, Deus abre os braços para receber o filho pródigo que se lhe lança aos pés. As provas rudes, ouvi-me bem, são quase sempre indício de um fim de sofrimento e de um aperfeiçoamento do Espírito, quando aceitas com o pensamento em Deus." – Santo Agostinho. (Paris, 1862)

O evangelho segundo o espiritismo – capítulo 14 – item 9

Os terapeutas e voluntários dispostos a servirem ao próximo na tarefa de amor e recuperação espiritual não podem dispensar uma análise cuidadosa da passagem evangélica do Filho Pródigo, constante no Evangelho de Lucas, capítulo quinze, versículos onze a trinta e dois. Essa mensagem evangélica é a história da peregrinação humana ao longo dos séculos. A história de nosso caminhar pela conquista da humanização.

Consideremos o egoísmo como a doença original do Ser. Ninguém escapou de experimentá-lo na espiral do crescimento. Até certa etapa, foi impulso para frente. Depois, quando a racionalidade permitiu a capacidade de escolher, tornou-se a matriz nosológica das dores humanas, transformando-se no hábito doentio de atender aos caprichos pessoais.

A centralidade do homem no ego estruturou a arrogância – sentimento de exagerada importância pessoal. Perdemos o contato com a fonte inexaurível da vida – o *self* Divino – e passamos a peregrinar sob a escravidão do "eu". O resultado mais infeliz desse caminhar apartado de Deus foi uma terrível sensação de abandono e inferioridade. O ato de arrogar constituiu, pois, a proteção instintiva da alma contra a sensação de menos-valia. Esse foi seu primeiro passo no processo evolutivo em direção à ilusão, ou seja, a criação de uma imagem idealizada – um mecanismo de defesa para não desistir -, que fixou a vida mental em noções delirantes sobre si mesma. Assim nasceram no tempo as matrizes psíquicas das mais graves patologias mentais.

Essa autoimagem é o delírio-primitivo, um recurso que, paulatinamente, a consciência foi obrigada a construir no conjunto das percepções de si mesma para se defender da sensação de indignidade perante a vida.

Nessa ótica podemos pensar as psicopatologias como uma recusa em ser humano, uma desobediência por não querer assumir o que se é na caminhada do progresso. Tornar-se humano significa assumir sua pequenez no todo universal, ter consciência da cruel sensação de desconexão com o Criador e do que realmente representamos no contexto do bailado cósmico. Mas também significa assumir-se como Filho de Deus, um Filho Pródigo de heranças excelsas que precisa descobri-las por si próprio e adquirir o título de Herdeiro em Sua Obra. Isso exige trabalho, dinamismo, ação e responsabilidade.

Portanto, a velha questão filosófica da realidade é mais velha que se imagina. Fragmentação psíquica não se restringe apenas ao resultado de desajustes ou traumas. Existe um desajuste original, um gatilho milenar dos processos psíquicos do Espírito, agravados pelas sistemáticas recusas em admitir a realidade íntima no peregrinar das reencarnações.

Esse mecanismo defensivo primitivo foi trazido para a Terra por almas desobedientes que o consolidaram em

Ermance Dufaux

outros orbes. As noções de abandono e castigo trazidas com os deportados incitaram os habitantes singelos da Terra a imitarem as atitudes de rebeldia, orgulho, revolta e desvalor. Analisar o adoecimento psíquico sem esse diagnóstico ontológico-espiritual é desconsiderar a causa profunda das enfermidades sob a perspectiva sistêmica da evolução.

Algumas patologias constitucionais, endógenas, encontram explicações ricas na compreensão das histórias longínquas da deportação. Isso não é uma hipótese tão distante quanto se imagina, porque os efeitos dessa história milenar são ativos e determinantes na atualidade em bilhões de criaturas atormentadas e enfermas. O desajuste primário, a dificuldade em aceitar a realidade terrena, é fator patogênico de bilhões de almas reencarnadas e de mais um conjunto de bilhões de outras fora do corpo, formando uma teia vibratória psicótica no cinturão da psicosfera terrena. A energia emanada da sensação coletiva de inferioridade é uma força epidêmica que puxa o homem para traz e dificulta o avanço dos que anseiam pela ascensão.

O tamponamento mental na transmigração intermundos foi parcial. Os "símios psíquicos[1]", quando fora do corpo pelo sono físico, tinham noções claras do sucedido, acendendo o destrutivo pavio da inconformação ao regressarem à carne, dilatando a sensação de prisão, ódio e rebeldia.

---

[1]   A expressão símios psíquicos é uma metáfora usada pela autora espiritual para explicar a condição mental dos espíritos que foram exilados para o planeta Terra há alguns milênios. Os símios eram os chamados primatas que tinham uma evolução psíquica limitada e com toda uma gama de inteligência a ser desenvolvida ao longo das eras. Os exilados, apesar de reencarnarem nesses corpos de primatas e ter poucos recursos para expressar sua inteligência, fora do corpo físico não perderam suas habilidades intelectuais já desenvolvidas em outro planeta.

O ato de rebelar-se passou a ser uma constante nas comunidades que se formaram. Estamos falando de um tempo aproximado de trinta a quarenta mil anos passados.

Surgem, nesse contexto emocional e psicológico, entre dez a vinte mil anos atrás, as primeiras manifestações de perfeccionismo – o anseio neurótico de resgate do perfeito dentro da concepção dos anjos decaídos. Um litígio que essas almas deportadas assumiram com Deus para provarem a grandeza que supunham possuir.

Quando foi dinamizada essa distonia no comportamento? Na Terra? Fora dela? Ou teríamos também a hipótese de uma loucura aprendida? Que casos de patologias se enquadrariam no perfil psíquico dos que habitavam a Terra antes da vinda dos deportados? Que componentes nas doenças severas nos permitem analisá-las como rebeldia imitada ou rebeldia processual? Que natureza de obsessão envolve as patologias severas? Até onde e como a vivência do Espírito errante influencia nesse contexto?

Lançando o olhar para tão longe nas rotas de crescimento humano, fica mais permissível compreender a estreiteza dos conceitos de muitas correntes das ciências psíquicas, que esboçam uma valorosa cartografia da mente, porém, rudimentar, incompleta. Sem o estudo dos ascendentes espirituais, jamais teremos uma análise judiciosa das psicopatologias, principalmente, dos casos raros e desafiantes que têm surgido na transição do planeta, cujo Código Internacional de Doenças (CID) é insuficiente para classificá-los.

Igualmente, é imperioso considerar a relação entre psicopatologia e erraticidade. Existem ignorados lances de dor e morte psicológica que são deflagrados em aglomerações subcrostais ou regiões abissais da Terra onde transita uma semicivilização de almas. Autênticos símios psíquicos.

Em tempo algum tivemos mais que 1/5 (um quinto) de sua população geral em processo de reencarnação como atualmente, no orbe terreno. Reencarnar não é tão fácil quanto possa parecer. É oportunidade rara e disputada. Cada história individual requer inúmeros quesitos para ser disponibilizada. Laços afetivos, urgência das necessidades sociais, natureza das habilidades desenvolvidas pelo Espírito, natureza dos compromissos com os seres das regiões da maldade. Os pontos de análise que pesam para a possibilidade de um Espírito reencarnar são muito variados. Há corações que nesse trajeto de deportação, ou seja, nos últimos quarenta mil anos, estiveram no corpo menos de vinte vezes. O que significa afirmar que reencarnam aproximadamente de dois em dois mil anos. Outros não reencarnam há mais de dez mil anos.

Portanto, como analisar doenças mentais graves sem considerar que estagiamos na vida dos Espíritos, pelo menos, dois terços do tempo da evolução, incluindo a emancipação pelos desdobramentos noturnos?! Como ignorar a decisiva influência das experiências da erraticidade? Enquanto os homens, à luz do Espiritismo, analisam a raiz de suas lutas íntimas, lançando o olhar para as vidas passadas, urge uma reflexão sobre a influência das experiências do espírito errante.

Inúmeras almas já renascem adoecidas, isto é, com os componentes psíquicos enfermiços em efervescência. Perdem o prazer de viver ou nunca o experimentam em decorrência da força dos laços que ainda mantêm com essas regiões infernais da erraticidade.

contemporânea que melhor define esse caos sentimental é a baixa autoestima, quadro psicológico que nos enseja ampliar ostensivamente os limites conceituais dos episódios depressivos, sob enfoque do Espírito imortal.

Nesta hora grave pela qual passa a Terra, um destrutivo sentimento de indignidade aninha-se na vida psicológica dos homens. Raríssimos corações escapam dos efeitos de semelhante tragédia espiritual, causadora de feridas diversas. Uma dolorosa sensação de inadequação e desvalor pessoal assoma o campo das emoções com efeitos lastimáveis. Abandono, carência, solidão, sensação de fracasso e diversos tormentos da mente agrupam-se na construção de complexos psíquicos de desamor e adversidade consigo próprio.

Salienta Santo Agostinho: "Vem um dia em que ao culpado, cansado de sofrer, com o orgulho afinal abatido, Deus abre os braços para receber o filho pródigo que se lhe lança aos pés".

Imprescindível atestar que nossa trajetória manchada de quedas e erros não retirou de nenhum de nós a excelsa condição de Filhos de Deus. A Celeste Bondade do Mais Alto, mesmo ciente de nossas mazelas, conferiu-nos a bênção da reencarnação com enobrecedores propósitos de aquisição da Luz. É a Lei do Amor, mola propulsora do progresso e das conquistas evolutivas.

A Misericórdia, todavia, não é conivente. Espera-nos no cadinho educativo do serviço paciente de burilamento íntimo. Contra os anelos de ascensão, encontramos em nossa intimidade os frutos amargos da semeadura inconsequente. São forças vivas e renitentes a vencer.

Sem dúvida, a ignorância cultural é causa de misérias sociais incontáveis, entretanto, a ignorância moral, aquela que mata ideais e aprisiona o homem em si mesmo, é a maior fonte de padecimentos da humanidade terrena.

O amor a si mesmo ainda é uma lição a aprender. Uma longa e paciente lição!

Quantas reencarnações neste momento têm por objetivo precípuo restabelecer o desejo de viver e recuperar a alegria de sentir-se em paz! Como operar semelhante transformação sem a aplicação da caridade consigo mesmo?

Criados para o amor, nosso destino glorioso é a integração com a energia da vida e com a liberdade em seu sentido de plenitude e paz interior. Ninguém ficará fora desse Fatalismo Divino.

Distantes do amor a si, ficaremos à mercê das provações sem recursos para sustentar na vida interior os valores latentes que nos conduzirão à missão individual estabelecida pelo Pai em nosso favor.

O autoamor é base para uma vida em sintonia com a mensagem do Evangelho do Cristo. Sua proposta, aliás, é que nos amemos tanto quanto ao nosso próximo.

Descobrir nosso valor pessoal na Obra da Criação é assumirmo-nos como somos. Sois Deuses,[2] eis a mensagem de inclusão e o convite para uma participação mais consciente e responsável no destino de cada um de nós.

Inspirada em *O evangelho segundo o espiritismo*, Ermance Dufaux garimpa pérolas de raro valor com as quais, abnegadamente, oferece-nos esta preciosa joia literária para a alma. Suas reflexões constituem o antídoto para a velha

---

[2] João 10:34

Assevera *O livro dos espíritos* na questão 975:

> "Para o Espírito errante, já não há véus. Ele se acha como tendo saído de um nevoeiro e vê o que o distancia da felicidade. Mais sofre então, porque compreende quanto foi culpado. Não tem mais ilusões: vê as coisas na sua realidade.
> Na erraticidade, o Espírito descortina, de um lado, todas as suas existências passadas; de outro, o futuro que lhe está prometido e percebe o que lhe falta para atingi-lo. É qual viajor que chega ao cume de uma montanha: vê o caminho que percorreu e o que lhe resta percorrer, a fim de chegar ao fim da sua jornada."

Os profissionais da saúde mental e mesmo quantos sofrem o amargor do adoecimento psíquico necessitam aprofundar o conhecimento nessas desafiantes questões. Somente através de laboratórios de amor nos serviços de intercâmbios socorristas, realizados distantes de preconceitos e convenções, poderá o médico ou o pesquisador espírita deflagrar um leque imenso de observações e informações para auxiliar a humanidade cansada e oprimida.

Além dos reflexos que conduzem em si mesmos, os doentes mentais cujos quadros exibem componentes dessa natureza ainda sofrem de simbioses intrigantes e desconhecidas até mesmo pelos mais experientes doutrinadores.

A história da evolução da alma na humanidade é assunto de valor na erradicação dos mais variados problemas sociais. Já não basta mais uma análise superficial das lutas humanas. Imperioso que os corações mais comprometidos com a arte de amar, estando ou não sob a luz da ciência, lancem-se ao mister da pesquisa fraterna e da investigação educativa, em atividades que transponham os limites institucionais do exercício mediúnico ou de terapias experimentais, no intuito de rasgarem véus.

Uma indagação do codificador na questão 973 de *O livro dos espíritos* merece análise na conclusão de nossos raciocínios:

> "Quais os sofrimentos maiores a que os Espíritos maus se veem sujeitos?
> Não há descrição possível das torturas morais que constituem a punição de certos crimes. Mesmo o que as sofre teria dificuldade em vos dar delas uma ideia. Indubitavelmente, porém, a mais horrível consiste em pensarem que estão condenados sem remissão."

É por conta desse sentimento de condenação, incrustado no psiquismo desde tempos imemoriais, que a criatura, em tese, não consegue ou desconhece o prazer de viver e a saúde.

Possivelmente, a esmagadora maioria da população terrena, por essa razão, esteja situada psicologicamente na passagem do Filho Pródigo exatamente no versículo dezenove que diz:

"Já não sou digno de ser chamado teu filho; faze-me como um dos teus trabalhadores".

A rota evolutiva dos Filhos Pródigos – que somos todos nós – é um percurso de esbanjamento psíquico através da atitude arrogante. Tal ação não poderia ser correspondida com outra sensação senão de vazio interior, cansaço de si e desvalimento, que são os elementos emocionais estruturadores da depressão – doença da alma ou estado afetivo de penúria e insatisfação. A terminologia doença da qual buscamos nos desvencilhar: o egoísmo e suas múltiplas manifestações doentias.

Felicita-nos avalizá-la, sob a égide do Espírito Verdade, para que destine aos homens na Terra uma mensagem de paz interior no resgate da nossa condição excelsa de Filhos Pródigos e Homens de Bem.

Calderaro[3].
Hospital Esperança, março de 2005.

---

[3] Essa Introdução foi escrita no Hospital Esperança e transcrita pela autora espiritual Ermance Dufaux através da psicografia.

Calderaro é o iluminado instrutor de André Luiz na obra *No mundo maior*, psicografada por Chico Xavier – Editora FEB.

O Hospital Esperança é uma obra de amor erguida por Eurípedes Barsanulfo no mundo espiritual. Seu objetivo é amparar os seguidores de Jesus que se deparam com aflições e culpas conscienciais após o desencarne. Informações mais detalhadas sobre o hospital podem ser encontradas no livro *Lírios de esperança*, obra de autoria espiritual de Ermance Dufaux e psicografia de Wanderley Oliveira, Editora Dufaux. (N.A.)

Capítulo 01

Individuação[1] ou Individualismo?

"Apenas, Deus, em sua misericórdia infinita, vos pôs no fundo do coração uma sentinela vigilante, que se chama consciência. Escutai-a, que somente bons conselhos ela vos dará."

O evangelho segundo o espiritismo – capítulo 13 – item 10

---

[1]   Individuação vem do latim *individuus, cujo sentido é indiviso, inteiro.*

O que é certo e errado perante a crise das certezas que domina a humanidade? Quais são as bússolas para nortear a conduta neste cenário de transformações céleres por que passam as sociedades?

A palavra conceito quer dizer ideia que temos de algo ou alguém. Analisamos a vida e os fatos pela ótica individual de nossas conceituações. Nosso entendimento não ultrapassa esse limite.

Alguns desses conceitos resultam da vivência. Foram estruturados pelo uso de todos os nossos sentidos, adquirindo significados. Chamamo-los **experiência**. Outros são fruto da capacidade de pensar e adquirir conhecimento. Determinam os pensamentos predominantes na vida mental. Quando criamos fixação emocional a esse padrão do pensar, nasce o **preconceito**.

A experiência leva ao discernimento. O discernimento é a porta para a compreensão. A compreensão identifica a Verdade.

O preconceito conduz ao julgamento. O julgamento sustenta os rótulos. Os rótulos distanciam da realidade.

A atitude construtiva na Obra da Criação depende da habilidade de relativizar. Até mesmo a experiência, por mais preciosa, necessita ser continuamente repensada, evitando a estagnação em clichês.

A vida é regida pela Suprema Lei da Impermanência. Certo e errado são critérios sociais mutáveis sob a perspectiva sistêmica. Apesar disso, são referências úteis à maioria dos habitantes da Terra. Funcionam como estacas disciplinadoras. Porém, em certa etapa do amadurecimento espiritual, constituem amarras psicológicas na descoberta da realidade pessoal, cuja riqueza está nos significados únicos construídos a partir dos ditames conscienciais.

O doutor Carl Gustav Jung chamou de individuação o processo paulatino de expressar nossa singularidade, isto é, a Marca de Deus em nós; o ato de talhar a individualidade, aquele ser distinto e único que está latente dentro de nós.

Na individuação o critério certo/errado é substituído por algumas perguntas: convém ou não? Quero ou não quero? Serve ou não serve? Necessito ou não necessito? Questões cujas respostas vêm do coração. Somente aprendendo a linguagem dos sentimentos poderemos escutar as mensagens da alma destinadas ao ato de individuar-se. E sentimento é valor moral aferível exclusivamente por nós mesmos no átrio sagrado da intimidade consciencial.

Somos aquilo que sentimos. As máscaras não destroem essa realidade. Quando aprendemos o autoamor, abandonamos o crítico interno que existe em nós e passamos a exercer a generosidade do autoperdão, ou seja, a aceitação incondicional da criatura ainda imperfeita que somos. Nossa integração com a Verdade depende do

Ermance Dufaux

conhecimento dessa realidade particular: escutar a alma! Ela se manifesta na consciência cujos sentimentos constituem o espelho. Através das sensações, no seu sentido mais amplo, a alma se manifesta.

Escutando a alma, conectados à sua sabedoria interior, desligamos dos padrões, normas, ambientes, pessoas e filosofias contrárias à nossa felicidade e inadequadas ao caminho particular de aprimoramento.

Saber o que nos convém, saber o que é útil, exige dilatado discernimento aliado ao tempo. Quando usamos os rótulos certo/errado, fomentamos a culpa e a punição. Quando sabemos o que nos convém, agimos e escolhemos com responsabilidade na condição de autores do nosso destino. Quando amadurecemos, percebemos que certo e errado se tornam formas de entender, experiências diversificadas.

O caminho de ascensão para todos nós, Filhos de Deus, é o mesmo, apenas muda a maneira de caminhar. Cada criatura tem seu passo, seu ritmo, sua história.

Refletindo sobre conceitos, teçamos algumas conclusões para que não nos confundamos: grande distância separa o processo de individuação da atitude de individualismo.

Na individuação encontramos a necessidade, enquanto no individualismo temos a prevalência do interesse pessoal.

Na individuação temos a alma; no individualismo, a personalidade.

Na individuação temos a consciência; no individualismo, o ego.

Na individuação existem descoberta e criatividade; no individualismo, a imitação e a disputa.

Na individuação temos o preparo e o amadurecimento; no individualismo, a precipitação.

Na individuação experimentamos a realização pessoal; no individualismo, a insaciedade.

A individuação é fruto do amor; o individualismo é o campo do egoísmo.

Na individuação floresce o crescimento espiritual; o individualismo é a sementeira do egoísmo.

O individualista, queira ou não, também caminha em seu processo de individuação. Evidentemente, com menos consciência de suas reais necessidades, permitindo larga soma de interesses particularistas.

Sabendo que todos rumam para o melhor, Jesus, em Sua excelsa sapiência, estabeleceu: "Vós julgais segundo a carne, eu a ninguém julgo."[2]

Se Ele, que podia, não julgou, por que nós, que dEle seguimos os ensinos, vamos agir como quem pode escutar os alvitres da alma alheia na tentativa de definir o que é certo ou errado? Qual de nós estará em condição de nutrir certeza se a atitude do próximo é uma expressão de individuação ou um cativeiro de personalismo?

---

[2] João 8:15

Ermance Dufaux

Capítulo 02

Receituário Oportuno

"Tereis, contudo, razão, se afirmardes que a felicidade se acha destinada ao homem nesse mundo, desde que ele a procure, não nos gozos materiais, sim no bem."

O evangelho segundo o espiritismo – capítulo 11 – item 13

Desde o seu desenlace do corpo físico, doutor Inácio Ferreira tem como tarefa matutina receber doentes em seu consultório no Hospital Esperança. Algumas vezes, devido ao agravamento dos quadros psíquicos, alguns pacientes são acolhidos em alas específicas de recuperação. Acompanhando-o a muitas dessas visitações de amor, viemos a conhecer o caso Anselmo, líder espírita experiente e valoroso por mais de quarenta e cinco anos no Triângulo Mineiro.

Ao chegar à ala, foi recebido por Manoel Roberto, o enfermeiro dedicado ao velho companheiro desde os tempos do sanatório psiquiátrico uberabense. Informado sobre o agravamento do quadro, doutor Inácio abordou o paciente:

— Anselmo! Anselmo! Como passa meu bom amigo?

— Péssimo!

— Por quê meu filho?

— O senhor tem conhecimento do que passei durante a vida física?

— Sim. Estudo sua ficha há vários dias.

— Então deve saber que um terrível estado de desgosto íntimo acompanhou toda a minha vida. Fiquei firme na atividade espírita na esperança de ter um pouco de sossego neste plano, mas parece que não terei, não é mesmo?

— Cada qual colhe o que plantou!...

— Pois vou dizer ao senhor: só não suicidei no corpo por saber das dificuldades de tal ato. Vontade não me faltou, pois a cada dia que passava, angustiava ver minha penúria. Oração, trabalho e estudo não me curaram a tormenta. Contudo, minha alternativa foi continuar a trabalhar e esperar para depois da morte o alívio, a libertação. Agora chego aqui e o que tenho? Mais tormenta, remédios e internação.

— E como se sente diante disto?

— Eu quero matar a vida, já que não tive coragem de matar o corpo. Doutor, é possível se suicidar por aqui? É possível? Se for, pode me ensinar?!

— Sossegue, homem! Depois de quatro crises ainda pensa nisso? Faça um esforço maior!

— Esforço?! Mais do que fiz na Terra? Para quê? Meus problemas começaram ao reencarnar e continuam depois de meu retorno. Para mim chega de lutas!

— Todos temos problemas, meu filho!

— Não me diga que o senhor, médico nesta casa de luz, tem algum problema! Quem está deitado e queixando sou eu, e não o senhor!

Ermance Dufaux

— Tenho mais problemas do que você possa imaginar! Em verdade, Anselmo, nossos problemas iniciaram quando apartamos de Deus. Isso se deu há milênios sem conta...

— Eu sou deportado de outro mundo, não sou?

— Deixemos esse assunto para outra hora – esquivou-se o servidor.

— Nunca tive prazer de viver na vida física. Nem sei bem o que é isso. Não devo ser mesmo deste mundo. Contudo, se aspiro ser feliz, devo ter experimentado isso algum dia. O senhor concorda comigo?

— Certamente!

— Achei que morrendo, depois de tanta dor, fruiria o bem-estar, a paz. Entretanto, creio que devo ter esquecido algo durante a vida corporal... Estranho, doutor Inácio, já morri e continuo com vontade de morrer. O que é isto meu Deus?! Quando vai terminar este inferno na mente? Qual a minha doença?

— Depressão!

— Depressão?! E como curar isso?

— Aprendendo a viver.

— Eu não tenho depressão. Pessoas com depressão não lutam como eu lutei.

— Posso lhe aplicar um teste, se você desejar.

— Aplique.

Escutando Sentimentos

— Responda com sinceridade: você sentia desânimo, inconformação e angústia com frequência na vida física?

— Sim, muito.

— Isso é depressão.

— Mas nunca nenhum médico diagnosticou! No máximo falavam em cansaço.

— Depressão é cansaço de viver, meu filho.

— E como não sentir isso com a vida que tive?

— A pergunta está mal formulada, Anselmo. Melhor seria dizer assim: "E como não sentir isso deixando de aceitar a vida que tive!" Depressão é não aceitar a vida como ela é.

— Mas fui resignado.

— O que você entende por resignação?

— Suportar as provas da vida com paciência.

— Não é isso!

— Não?! Então o que é doutor Inácio?

— Você esqueceu uma parte essencial em seu conceito. É suportar as provas da vida com paciência e jamais desistir de buscar-lhes a solução.

— Eu fiz isso! – alegou o paciente.

— Não fez! – retrucou o psiquiatra com sua típica franqueza e ironia.

— Fiz!

— Não fez! Tenho sua ficha e quem o encaminhou para cá me deu detalhes de sua existência. Digamos que você fez isso até por volta dos quarenta anos de idade, em seus primeiros quinze anos de Espiritismo, depois só se queixou. Você desistiu sem assumir que desistiu. Não faliu, porém, deixou de crescer tanto quanto podia. Você cansou por dentro, e não admitiu. Os outros trinta anos você passou na revolta e com esperança de morrer logo para usufruir de benefícios sem transformação pessoal. Continuou sua tarefa por fora, esquivando-se do dever da melhora por dentro. Instalou-se o vazio e a vida passou. Você foi traído pela famosa frase de muitos cristãos distraídos que esbanjam tempo e oportunidades.

— Que frase, doutor?

— As famosas frases proferidas por todos aqueles que se deixaram abater pelo egoísmo e se cansaram das refregas doutrinárias: "Agora vou cuidar de mim, dar um tempo para mim mesmo! Chega dos espíritas!"

Nesse ínterim, Anselmo modificou sua fisionomia por completo e começou a esbravejar:

— Já ouvi falar na "segunda morte"[1]. Ela existe mesmo doutor? Se existir, prefiro-a a ter que viver. Quero voltar aos reinos inferiores! As coisas não foram como desejei na Terra e, pelo visto, não serão a contento por aqui também.

---

[1] Vide o capítulo "Ovoidização" na obra mediúnica *Ícaro redimido – Espírito Adamastor –* Editora INEDE. (N.A.)

Escutando Sentimentos

— A vida o espera rica de oportunidades. Só você não consegue perceber!

— Nada deu certo na minha vida! Não quero tentar mais!

— Engano, meu filho! Talvez, nada tenha saído como você desejou. Isso não significa que não deu certo. Em verdade, deu certo e você não entendeu.

— Se tivesse dado certo, eu não estaria nestas condições.

— Você está nestas condições porque não aceitou; é bem diferente!

— Não aceito mais nada da vida. Chega! Inclusive não quero o senhor como meu médico!

— Isso é fácil de resolver. De fato, não sou dos melhores! – existe sempre uma resposta honesta nos lábios do doutor Inácio.

— Eu não quero viver, Doutor Inácio! O senhor entende? – falou aos prantos. Para mim, chega de existir; eu não quero ser nada. Aliás – disse com ódio nos olhos – eu quero ser um verme rastejante que não precisa pensar e se cuidar! Ajude-me, doutor Inácio! Mate-me, pelo amor de Deus!

Um choro convulsivo tomou conta de Anselmo. Na medida em que aumentava o extravasamento da dor, ele se contorcia pelo leito. Doutor Inácio, percebendo a gravidade, fez um sinal com a cabeça e alguns enfermeiros atentos e delicados lhe sedaram com elevada dose de soníferos. Algumas técnicas de dispersão e aspersão de fluidos foram ministradas quando o paciente adormeceu. Parecia agora uma criança em profundo descanso.

— Vamos retirá-lo desta ala, doutor? – indagou Manoel Roberto.

— Vamos levá-lo para as incubadoras.

— Para as incubadoras? Mas...

— Eu já sei o que vai dizer, Manoel! O caso, porém, exige atenção.

— Pensava que as incubadoras fossem apenas para os que se encontram na "segunda morte".

— A priori sim. Casos como o de nosso amigo com crises tão sucessivas podem atingir esse patamar instantaneamente, se não conseguir redirecionar seu pensamento. Esta é sua quinta crise.

— Se ele estivesse nas mãos de alguma "organização do mal"!

— Se estivesse lá, já não seria gente. Com este estado mental, já o teriam transformado no que desejassem, inclusive em "mentor de centro espírita" considerando a vasta experiência doutrinária que tem.

— Vamos transportá-lo aos saguões restritos – solicitou Manoel Roberto a alguns padioleiros.

— Amanhã retornarei ao caso, Manoel. Estudaremos com a junta médica o seu histórico e levantaremos um diagnóstico profundo.

No dia seguinte, reuniram-se em pequena sala nos pavilhões inferiores do hospital, o doutor Inácio, dona Modesta, Manoel Roberto, dois psiquiatras da alma e alguns experientes tarefeiros dos abismos. A reunião para estudar o caso Anselmo iniciou-se com a oração dirigida a Jesus. Dona Modesta, na condição de médium, percebeu irradiações da mente de elevada entidade protetora dos vales da sombra e da dor. Tratava-se de Isabel de Portugal, a Rainha e Santa Mãe dos pobres. Uma pequena mensagem fluiu pela psicofonia da médium, que não tinha conhecimento detalhado do caso em estudo:

— "Anselmo é uma esperança dos céus. Sua alma ergueu-se dos lamaçais da penúria e do mal, atingindo as margens seguras do desejo de ser melhor. Saindo das cavernas do exclusivismo e da solidão, formou família e projetou-se ao educandário da convivência. Premido pelas decepções e desgostos, ainda frágil e inseguro, resvalou novamente para o ócio, criando uma redoma no coração temeroso e assustado. Lutou quanto pôde pela conduta reta, considerando a fragilidade de suas forças. O Espiritismo fez luz em sua mente, prevenindo-o de quedas bruscas. Seu coração, no entanto, encontra-se encharcado pela tristeza face os desatinos de outros tempos, pelos quais ainda não realizou o suficiente. Conceda-lhe, em nome de Jesus Cristo, o repouso temporário. Internem-no por alguns meses na 'incubadora da inconsciência' sob meu aval. Paz em Cristo, Isabel."

— Agradecemos a ti, oh, Rainha do Amor! Suas amáveis recomendações nos calam fundo na alma – expressou doutor Inácio com gratidão.

A reunião prosseguiu sob a inspiração da mensagem alentadora. Dona Modesta expressou-se:

— Meu Deus! Como têm aumentado os casos de espíritas neste quadro!

— Não poderia ser diferente – asseverou doutor Inácio.

— Como classificar semelhante estado da alma? Será mesmo depressão? – indagou Manoel Roberto.

— Sim. Em conceito mais vasto, evidentemente. Não falo da depressão à qual os homens se referem nos respeitáveis códigos de doenças da medicina.

— Faça uma síntese do quadro, Inácio – solicitou dona Modesta.

— Ao renascer, o Espírito imprime no corpo os reflexos de sua vida emotiva determinando os caracteres biológicos que melhor atendam a suas necessidades de aperfeiçoamento. Muitas criaturas, neste tempo de transição planetária, passaram longo período em "incubação psíquica" nos vales sombrios nos quais adquiriram os traços do derrotismo e da "não vida". Sob o jugo de mentes perversas, esses irmãos, foram conduzidos aos pântanos da morte interior. São hipnotizados pela ideia de não merecerem existir após quedas lamentáveis exploradas por esses bandos do mal. Assim, regressam ao corpo sem desejo de viver. Uma depressão induzida. Uma terrível atração para a paralisia, a culpa e a insatisfação. Desapontados e contrariados em anseios pessoais, só lhes resta desistir e parar. Essa é a ordem mental doentia que colheram em tais regiões.

— E quando encarnados? – atalhou Manoel Roberto.

— Quando encarnados, sentem-se desajustados com o ato de viver e lutar pela sobrevivência. Negam psicologicamente a vida física, a ordem social e o próprio corpo. Quando conseguem algo que os motive, logo perdem o encanto. São desajustados com a vida.

— Quando são espíritas, a situação parece ser bem pior! – asseverou dona Modesta.

— É verdade, Modesta! Como são almas que se sentem inferiores, quando aderem ao Espiritismo e começam uma caminhada valorosa, saltam para o outro extremo, isto é, sentem-se os mais valorosos do planeta. Passam a se julgar muito capazes e com muitas respostas. Fato que não deixa de ter sua parcela de verdade. Todavia, valorizam-se em excesso e criam o jogo das aparências, os estereótipos com os quais tentam crer-se mais fortes que realmente sentem-se. É a tática do orgulho que procura abafar a inferioridade e carcome o mundo íntimo. Para se protegerem de seus complexos de fragilidade, desenvolvem crenças de grandeza com as quais se sugestionam ante a vida para dar conta do próprio ato de existir.

— Não compreendi! – externou com humildade o enfermeiro.

— Muitos deles não têm coragem de admitir, mas detestam viver e ser quem são. Por isso adoram as cantigas de grandeza e as melodias da ilusão. Se não conhecessem a doutrina, possivelmente, muitos deles, exterminariam a vida. É lamentável! Conhecem abundantemente sobre o mundo dos Espíritos e sabem uma miséria sobre si próprios.

— Inácio, terá sido essa a razão pela qual Isabel ressaltou o progresso de Anselmo?

— Sim, Modesta! Pelo menos no caso de Anselmo, encontramos crescimento.

— Nos demais... – insinuou Dona Modesta.

— Anselmo chegou aqui adoecido. A maioria nem chega. – concluiu o médico.

— Por essa razão, não podemos estipular índices de comportamento para ninguém. Sem conhecer sua história evolutiva, acabamos nos julgamentos estéreis e antifraternos – acresceu dona Modesta.

Alguns dos trabalhadores presentes externaram suas participações com sabedoria. Um psiquiatra da alma, cooperador nas responsabilidades do doutor Inácio no Hospital, habituado ao episódio, destacou:

— Imperioso levar aos amigos espíritas no mundo um receituário oportuno. Nossos irmãos precisam ingerir com frequência três medicações indispensáveis.

— Quais? – mostrou-se curioso Manoel Roberto.

— A primeira é acreditar que merecem a felicidade, assim como todos os seres humanos. E a segunda é parar de encontrar motivos externos para suas dores, descobrindo-lhes as causas íntimas.

— E a terceira?! – indagou curioso um dos presentes ao debate.

Pedindo licença, foi o próprio doutor Inácio quem respondeu:

— A terceira é parar de pensar em felicidade para depois da morte e tentar viver a vida do modo mais feliz possível. Há muito espírita que faz da atividade doutrinária um "depósito bancário" com intuito de "sacar tudo depois da morte". Em casos como o de Anselmo, chegam aqui e encontram suas "contas concorrentes" zeradas. Sendo assim é justo que perguntem sobre a razão, mas não é justo que se queixem de ninguém, a não ser de si mesmos. Em *O livro dos espíritos,* questão 920, fala sobre o assunto afirmando: "Dele, porém, depende a suavização de seus males e o ser tão feliz quanto possível na Terra." – e arrematou o médico uberabense: – tudo depende do bem que semearmos e da atenção que damos às nossas reais intenções de crescimento.

Capítulo 03

Educação para o Autoamor

"O amor é de essência divina e todos vós, do primeiro ao último, tendes, no fundo do coração, a centelha desse fogo sagrado." – Fénelon. (Bordéus, 1861)

O evangelho segundo o espiritismo – capítulo 11 – item 9

O mais genuíno ato de amor a si consiste na laboriosa tarefa de fazer brilhar a luz que há em nós. Permitir o fulgor da criatura cósmica que se encontra nos bastidores das máscaras e ilusões. Somente assim, escutando a voz de nosso guia interior, nos esquivaremos das falácias do ego que nos inclina para as atitudes insanas da arrogância.

Quando não nos amamos, queremos agradar mais aos outros que a nós, mendigamos o amor alheio, já que nos julgamos insuficientes ou incapazes de nos querer bem.

Neste momento de perspectivas alvissareiras com a chegada do século 21, a esperança acena com horizontes iluminados para a caminhada de ascensão espiritual da humanidade.

O resgate de si mesmo há de se tornar meta prioritária das sociedades sintonizadas com o progresso. O bem-estar do homem, no seu mais amplo sentido, se tornará o centro das cogitações da ciência, da religião e de todas as organizações humanas.

Perante esse desafio social, sejamos honestos acerca do quanto ainda temos por laborar para erguer a comunidade espírita ao patamar de escola capacitadora de virtudes em favor das conquistas interiores.

Quantos se encontrem investidos da responsabilidade de dirigir e cooperar com os grupamentos do Espiritismo, priorizem como compromisso essencial de suas vinhas o ato corajoso de trabalhar pela formação de ambientes educativos, motivadores da confiança espontânea e do comprometimento pelo coração.

Trabalhar pela felicidade do homem deve ser o objetivo maior das agremiações doutrinárias orientadas pela mensagem de amor do Evangelho. Os modelos e conceitos inspirados nos princípios espíritas que não se adequarem à condição de instrumentos facilitadores para a alegria e a liberdade haverão de ser repensados.

Não podemos ignorar fatores de ordem educacional e social que estimulam vivências íntimas da criatura em sua caminhada de aprendizado. As últimas duas gerações que sofreram de modo mais acentuado os processos históricos e coletivos da repressão atingem a meia idade na atualidade. Renasceram ao longo das décadas de 1950 e 1960, e se encontram em plena fase de vida produtiva, sofridas pelas sequelas psicológicas marcantes de autodesamor.

Outro fator, mais grave ainda, são as crenças alicerçadas em sucessivas etapas reencarnatórias que constituem sólida argamassa psicológica e emocional, agindo e reagindo, continuamente, contra os anseios de crescimento íntimo. O complexo de inferioridade é a condição cármica criada pelo homem em seu próprio desfavor.

Ermance Dufaux

Nada, porém, é capaz de bloquear ou diminuir o fluxo de sentimentos naturais e divinos que emanam da alma como apelos de bondade, serenidade e elevação. Nem a formação educacional rígida ou os velhos condicionamentos são suficientes para tolher a escolha do homem por novos aprendizados. O *self* emite, incessantemente, energias sublimadas, a despeito dos fatores sociais e reencarnatórios que agrilhoam a mente aos cadinhos regenerativos do conflito e da dor.

Paulo, o apóstolo de Tarso, asseverou: "Porque não faço o bem que quero, mas o mal que não quero esse faço."[1]

Contra os objetivos da vida profunda, temos forças vivas em nós mesmos como efeitos de nossos desatinos nas experiências pretéritas.

Considerando essa manifestação celeste do ser profundo, compete-nos talhar condições favoráveis para o aprendizado das mensagens da alma. Aprender a ouvir nossos sentimentos verdadeiros, os reclames do Espírito que somos nós mesmos.

A palavra educação vem do latim educare ou educere. Provérbio: e. Verbo: ducare, ducere. Seu significado é trazer à luz uma ideia, levar para fora, fazer sair, extrair. Essa a tarefa dos centros espíritas: oferecer condições para que o homem extraia de si mesmo seu valor divino na Obra da Criação.

Em nossos projetos de religiosidade no centro espírita, o autoamor deve constituir lição primordial. Espiritualidade significa grandeza de sentidos para viver. Essa é a visão do centro espírita em sintonia com a alma

---

[1] Romanos 7:19

do Espiritismo, uma verdadeira noção de imortalidade sentida e aplicada.

O autoamor é um aprendizado de longa duração. Conectar seu conceito a fórmulas comportamentais para aquisição de felicidade instantânea é uma atitude própria de quantos se exasperam com a procura do imediatismo. Amar é uma lição para a eternidade.

Que habilidades emocionais temos que desenvolver para o autoamor? Que cuidados adotar para aprendermos uma relação de amorosidade conosco? Como alcançar a condição de núcleos avançados para desenvolvimento dos valores da alma? Que iniciativas tomar para que as casas espíritas sejam redutos de aprimoramento de nossos sentimentos e escolas eficientes de criatividade para superação de nossas dores? Que técnicas e métodos nos serão úteis para incentivar a alegria e a espontaneidade afetiva? Como implementar escolas do sentimento em nossos grupos doutrinários de estudo sistematizado? Que temas enfocar na melhor compreensão das manifestações profundas da alma?

Fala-se, em nossos ambientes de educação espiritual, que não somos bons ouvintes. De fato, uma das habilidades que carecemos aperfeiçoar nas relações interpessoais é a arte de ouvir. Mas, da mesma forma que guardamos limitações para ouvir o outro, também não sabemos ouvir a nós mesmos. Que técnicas adotar para estimular nossa habilidade de ser um bom ouvinte?

Ouvir a alma é aprender a discernir entre sentimentos e o conjunto variado de manifestações íntimas do ser, sedimentadas na longa trajetória evolutiva, tais como instintos, tendências, hábitos, complexos, traumas, crenças, desejos, interesses e emoções.

Escutar a alma é aprender a discernir o que queremos da vida, nossa intenção-básica. A intenção do Espírito é a força que impulsiona o progresso através do leque dos sentimentos. A intenção genuína da alma reflete na experiência da afetividade humana, construindo a vastidão das vivências do coração – a metamorfose da sensibilidade. A conquista de si mesmo consiste em saber interpretar com fidelidade o que buscamos no ato de existir, a intenção magnânima que brota das profundezas da alma em profusão de sentimentos.

Os discípulos sinceros do Espiritismo reflitam na importância do autoamor como condição indispensável ao bom aproveitamento da reencarnação. Estar em paz consigo é recurso elementar na boa aplicação dos Talentos Divinos a nós confiados.

Amar-se não significa laborar por privilégios e vantagens pessoais, mas o modo como convivemos conosco. Resume-se, basicamente, na forma como tratamos a nós próprios. A relação que estabelecemos com nosso mundo íntimo. Sobretudo, o respeito que exercemos àquilo que sentimos. A autoestima surge quando temos atitude cristã com nossos sentimentos.

O amor a si não se confunde com o egoísmo, porque quem tem atitude amorosa consigo está centrado no *self*. Deslocou o foco de seus sentimentos para a fonte de sabedoria e elevação, criando ressonância com o ritmo de Deus. Amar-se é ir ao encontro do si mesmo como denominava Jung.

Alinhavemos alguns tópicos sugestivos que poderão constar no programa de debates para reeducação da vida emocional e psicológica à luz dos fundamentos do Espiritismo. Tomemos por base a análise educacional de Allan Kardec que diz na questão 917 de *O livro dos espíritos*:

> "A educação, convenientemente entendida, constitui a chave do progresso moral. Quando se conhecer a arte de manejar os caracteres, como se conhece a de manejar as inteligências, conseguir-se-á corrigi-los, do mesmo modo que se aprumam plantas novas. Essa arte, porém, exige muito tato, muita experiência e profunda observação. É grave erro pensar-se que, para exercê-la com proveito, baste o conhecimento da Ciência."

- **Responsabilidade** – Somos os únicos responsáveis pelos nossos sentimentos.

- **Consciência** – O sentimento é o espelho da vida profunda do ser e expressa os recados da consciência. Nossos sentimentos são a porta que se abre para esse mundo glorioso que se encontra "oculto", desconhecido.

- **Ética para conosco** – Somos tratados como nos tratamos. Como sermos merecedores de amor do outro, se não recebemos nem o nosso próprio?

- **Juízo de valor** – Não existem sentimentos certos ou errados.

- **Automatismos e complexos** – O sentimento pode ser sustentado por mecanismos alheios à vontade e à intenção.

- **Autoamor é um aprendizado** – Construir um novo olhar sobre si, desenvolver sentimentos elevados em relação a nós, constitui um longo caminho de experiências nas fieiras da educação.

- **Domínio de si** – Educar sentimentos é tomar posse de nós próprios.

- **Aceitação** – Só existe amor a si através de uma relação pacífica com a sombra.

- **Renovação do sistema de crenças** – Superar os preconceitos. Julgamentos formulados a partir do sistema de crenças desenvolvidas com base na opinião alheia desde a infância.

- **Ação no bem** – Integração em projetos solidários. A aquisição de valor pessoal e convivência com a dor alheia trazem gratidão, estima pelas vivências pessoais. Cuidando bem de nós, somos, simultaneamente, levados a estender ao próximo o tratamento que aplicamos a nós mesmos. Quando aprendemos a gostar de nós, independente de sermos amados, passamos a experimentar mais alegria em amar. A ética de amor a si mesmo deve estar afinada com o amor ao próximo.

- **Assertividade** – Diálogo interno. Uma negociação íntima para zelar pelos limites do interesse pessoal.

- **Florescer a singularidade** – O maior sinal de maturidade. Estamos muito afastados do que verdadeiramente somos.

- **Ter as rédeas de si mesmo** – Para muitos o personalismo surge nesse ato de gerir a vida pessoal com independência. Pelo simples fato de não saberem como manifestar seus desejos e suas intenções, abdicam do controle íntimo e submetem-se ao controle externo de pessoas e normas.

- **Construção da autonomia** – Autonomia é capacidade de sustentar sentimentos nobres acerca de nós próprios.

- **Identificação das intenções** – aprender a reconhecer o que queremos, qual nossa busca na vida. Quase sempre somos treinados a saber o que não queremos.

Sentir-se bem consigo é sinônimo de felicidade, acesso à liberdade. É permitir que a centelha sagrada de Deus se acenda em nós. Conhecer a arte de manejar caracteres.

Portanto, a feliz colocação de Fénelon merece a nossa mais ardorosa atenção: O amor é de essência divina e todos vós, do primeiro ao último, tendes, no fundo do coração, a centelha desse fogo sagrado.

Não esqueçamos a recomendação de Lázaro: "O Espírito precisa ser cultivado, como um campo. Toda a riqueza futura depende do labor atual, que vos granjeará muito mais do que bens terrenos: a elevação gloriosa."[2]

---

[2] *O evangelho segundo o espiritismo* – capítulo 11 – item 8

Ermance Dufaux

Capítulo 04

Infortúnio Oculto nos Grupos Doutrinários

"Mas, a par desses desastres gerais, há milhares de desastres particulares, que passam despercebidos: os dos que jazem sobre um grabato sem se queixarem. Esses infortúnios discretos e ocultos são os que a verdadeira generosidade sabe descobrir, sem esperar que peçam assistência."

O evangelho segundo o espiritismo – capítulo 13 – item 4

Com muita frequência, constatam-se medidas e alertas de vigilância contra o orgulho nos abençoados ambientes doutrinários. Verdadeira campanha espontânea tomou conta da seara em torno dos cuidados que se deve ter acerca dos efeitos nocivos do personalismo. Ninguém há de contestar o valor de tais iniciativas. Entretanto, enquanto empenhamo-nos contra esse costume, perceptível pela ostentação com a qual se manifesta, extensa gama de discípulos padece com outro traço moral enfermiço, nem sempre tão evidente na conduta humana: a baixa autoestima. Um infortúnio oculto que solicita nossa atenção.

A sensibilidade humana tem sido insuficiente para detectar o caos interior em que vivem inúmeras criaturas, escondendo-se por trás das máscaras sociais, temendo tornarem conhecidos seus dramas inenarráveis que configuram um autêntico quadro de "loucura controlada".

A mesma raiz que vitaliza a vaidade é responsável pela carência de estima pessoal. O orgulho que procura brilhar no palco do prestígio, assim como a atitude de desamor a si mesmo, são manifestações do sentimento de menos valia ou complexo de inferioridade, que toma conta de multidões sem conta no orbe terreno.

Podemos facilmente confundir atitudes de baixa autoestima com comportamentos personalistas. Criaturas com escassez de autoamor lutam para preservar suas reais intenções demonstrando, para tal, pouca ou nenhuma habilidade através de atitudes desconectadas de seus verdadeiros sentimentos; adotam condutas defensivas que podem ser interpretadas como individualismo e ingratidão. No fundo se debatem com a incapacidade de estabelecerem limites de proteção ao mundo dos seus sentidos pessoais. Estão em conflito e reagem de modo nem sempre adequado ante aquilo que lhes constitui ameaça, deixando clara a complexidade da alma humana que, para ser entendida em suas ações e reações, solicita-nos ampliada complacência e largo discernimento.

Quem analisa um orador, um médium, um dirigente, um tarefeiro iluminado com as luzes da cultura espírita, enquanto em suas movimentações doutrinárias, não imagina a dor íntima que atinge muitos deles na esfera de suas provas silenciosas no reino do coração. Solidão, abandono, conflitos, medo, frustrações, impotência e outros tantos sentimentos estruturam um dilacerante estado de instabilidade e vulnerabilidade, que retratam velhas feridas evolutivas da alma.

Neste momento de tormentas atrozes e de frustrações sem fim, conclamemos o valoroso movimento em torno das ideias espíritas ao serviço inadiável de incentivar o fortalecimento da estima e do valor pessoal. A casa espírita, como avançado núcleo de enfermagem moral, necessita ser o local da educação para que o homem se livre de suas ilusões e promova-se, definitivamente, a legatário de sua Herança Cósmica. Imperioso que os dirigentes tenham lucidez, porque essa missão somente será cumprida com acolhimento fraternal, estímulo à autonomia, tolerância com os limites alheios e tempo.

Decerto, a idolatria e a purpurina da lisonja são dispensáveis. O privilégio e a exaltação são incoerentes com o espírito da espontaneidade. O Espiritismo, convenhamos, combate a atitude egoísta proposital, exclusivista, mas não propõe a morte dos valores individuais que podem e devem fazer parte da comunidade como fator gerador de bênçãos, alegrias e exemplo estimulador. O receio do estrelato e das manifestações individualistas tem culminado em autênticas fobias éticas, que não educam nossas tendências. A luz foi feita para iluminar, brilhar.

> "E ninguém, acendendo uma candeia, a cobre com algum vaso, ou a põe debaixo da cama; mas põe-na no velador, para que os que entram vejam a luz[1]
>
> Vós sois a luz do mundo; não se pode esconder uma cidade edificada sobre um monte."[2]

Que os tarefeiros da causa estejam atentos à fala inspirada do codificador: Esses infortúnios discretos e ocultos são os que a verdadeira generosidade sabe descobrir, sem esperar que peçam assistência.

Olhemos uns pelos outros com olhos de ver. Muita vez onde supomos existir um doente pertinaz em busca de realce, encontra-se um coração ferido e cansado, confuso e amedrontado mendigando amizade autêntica e compreensão. Possivelmente ele será tocado quando sentir

---

[1] Lucas 8:16
[2] Mateus 5:14

a força do amor que lhes votamos. Sentindo-se amado, pouco a pouco, terá motivos para abandonar as expressões de inferioridade que lhe tortura. Por fim, descobrirá o quanto somos amados, incondicionalmente, pelo Criador que, em Sua Generosidade Excelsa, nos aguarda no espírito glorioso de Filhos de Sua Obra.

Oremos juntos por esse instante de luz:

"Senhor,

Tem piedade das nossas necessidades!

Auxilia-nos a sustentar o perdão com as imperfeições que ainda carregamos na intimidade.

Ensina-nos a nos amar, Senhor! A aceitar-nos como somos e a buscar a melhora gradativa. Fortalece nossa capacidade de amar a fim de estendermos a luz da compaixão em relação às falhas que cometemos.

Estende-nos Tuas mãos compassivas! Unge-nos com misericórdia as dores da angústia de viver trazendo por dentro as sombras do passado!

Ampara-nos, Divino Pastor, para jamais esquecermos as vitórias já alcançadas. Que elas nos sirvam de estímulo!

Ante as lutas e conflitos da alma, abençoe-nos sempre, Senhor, para que nunca desistamos de combater-nos.

Obrigada, Jesus, por nos incluir em Teu amor infinito, sem o qual não teríamos forças para nos suportar.

Obrigada, Senhor! Hoje e sempre, obrigada!"

Ermance Dufaux

Capítulo 05

Estufas Psíquicas da Depressão

"Apenas, Deus, em sua misericórdia infinita, vos pôs no fundo do coração uma sentinela vigilante, que se chama consciência. Escutai-a, que somente bons conselhos ela vos dará. As vezes, conseguis entorpecê-la, opondo-lhe o espírito do mal. Ela, então, se cala."
Um Espírito protetor. (Lião, 1860.)

O evangelho segundo o espiritismo – capítulo 13 – item 1

Depressão é uma intimação das Leis da Vida convocando a alma a mudanças inadiáveis. É a doença-prisão que anula a liberdade da criatura rebelde, viciada em ter seus caprichos atendidos. Vício sedimentado em milênios de orgulho e rebeldia por não aceitar as frustrações do ato de viver. Em tese, depressão é a reação da alma que não aceitou sua realidade pessoal como ela é, estabelecendo um desajuste interior que a incapacita para viver plenamente.

Desde as crises ocasionais da depressão reativa até os quadros mais severos que avançam aos sombrios labirintos da psicose, encontramos no cerne da enfermidade o Espírito, recusando as propostas da vida. Através das suas reações demonstra a insatisfação em concordar com a Vontade Divina, acerca de Seus Desígnios, em flagrante desajuste. Rebela-se ante a morte e a perda, a mudança e o desgosto, a decepção e os desafios do caminho, criando um litígio com Deus, lançando a si mesmo nos leitos amargos da inconformação e da revolta, do ódio e da insanidade, da apatia e do sofrimento moral.

Neste momento da transição em que os avanços científicos a classificam dentro de limites e códigos, é necessário ampliar a lente das investigações para analisá-la como estado interior de inadequação com a vida, que limita o Espírito para plenificar-se, existir, ser em plenitude. Seu traço psíquico predominante é a diminuição ou ausência de prazer em quaisquer níveis que se manifeste. Portanto, dilatando as classificações dos respeitáveis códigos humanos, vamos conceituá-la como sendo o sofrimento moral capaz de reduzir ou retirar a alegria de viver.

Sob o enfoque espiritual, estar deprimido é um estado de insatisfação crônica, não necessariamente incapacitante. As mais graves psicoses nasceram através de filetes de loucura controlada que roubam do ser humano a alegria de continuar sua marcha, de cultivar sonhos e lutas pelos ideais de sobrevivência básica. Nessa ótica, tomemos alguns exemplos para ilustrar nosso enfoque de depressão à luz do Espírito imortal em condutas rotineiras:

- O desânimo no cumprimento do dever.

- A insegurança obsessiva.

- A ansiedade inexplicável.

- A solidão em grupo.

- A impotência perante o convite das escolhas.

- A angústia da melhora.

- A aterrorizante sensação de abandono.

- Sentir-se inútil.

- Baixa tolerância às frustrações.

- O desencanto com os amigos.

- Medo da vulnerabilidade.

- A descrença no ato de viver.

- O hábito sistemático da queixa improdutiva.

- A revolta com normas coletivas para o bem de todos.

- A indisposição de conviver com os diferentes.

- A relação de insatisfação com o corpo.

- O apego aos fatos passados.

- O sentimento de menos-valia perante o mundo.

- O descaso com os conflitos, a negação dos sentimentos.

- A inveja do sucesso alheio.

- A desistência de ser feliz.

- A decisão de não perdoar.

- A inconformação perante as perdas.

- Fixação obstinada nos pontos de vista.

- O desamor aos que nos prejudicam.

- O cultivo do personalismo – a exacerbada importância pessoal.

- O gerenciamento ineficaz da culpa.

- As aflições-fantasma com o futuro.

- A tormenta de ser rejeitado.

- A dificuldade em aceitar as críticas.

- Rigidez nas atitudes e nos objetivos.

- Conduta perfeccionista.

- Sinergia com o pessimismo.

- Impulso para desistir dos compromissos.

- Pulsão para controlar a vida.

- Irritabilidade sem causas conhecidas.

Todas essas ações ou sentimentos são sinais de depressão na alma, porque criam ou refletem um desajuste da criatura com a existência, levando-a, paulatinamente, a roubar de si mesma a energia da vida. São rejeições à Sábia e Justa Vontade Divina – excelsa expressão do bem em nosso favor nas ocorrências de cada dia.

Bilhões e bilhões de pessoas, na vida física e extra-física, estão deprimidas ou constroem estufas psíquicas para futuras depressões reconhecidas pela ótica clínica. Arrastam-se entre a animalidade e o mundo racional. Lutam para se livrar da pesada crisálida magnética dos instintos e assumir sua gloriosa condição de filhos de Deus e co-criadores na Obra Paternal. Vivem, mas não sabem existir. Perambulam, quase sempre, na alegria de possuir e raramente alcançam o prazer de ser. Ora escravos das lembranças do passado, ora atormentados pelo medo do futuro. Peregrinam sob os grilhões do ego recusando os apelos do *self*.

Ermance Dufaux

Esse conceito maleável da doença explica o lamentável estado de inquietude interior que assola a humanidade. É a algazarra do ego criando mecanismos para continuar seu reinado de ilusões, obstruindo os clarões de serenidade e saúde imanentes do *self* – a vontade lúcida do Espírito em busca da liberdade.

Devido aos programas coletivos de saneamento psíquico da Terra orientados pelo Mais Alto, vivemos um momento histórico. Nunca foram alcançados índices tão significativos de resgate e socorro nos atoleiros morais da erraticidade. Consequentemente, eleva-se o número de espíritos que regressam ao corpo carnal sob custódia do remorso. Esse estado psíquico responde pelo crescimento dos episódios depressivos. Seria trágico esse fenômeno social se deixássemos de considerá-lo como indício de mudança nos refolhos da alma. Conquanto não signifique libertação e paz, coloca a criatura a caminho dos primeiros lampejos de consciência lúcida.

O planeta em todas as latitudes experimentará uma longa noite de dores psicológicas, em cujo bojo despontará um homem novo e melhorado em busca dos tesouros sublimes, ainda desconhecidos em sua intimidade.

Ao formularmos esse foco para a depressão, nossa intenção é estimular a medicina preventiva centrada no Espírito imortal e na educação. É assustador o índice de deprimidos segundo a sintomatologia oficial, no entanto, infinitamente maior é o número daqueles que cultivam, em regime de cultura mental, os embriões de futuros episódios psiquiátricos depressivos.

A solução vem da própria mente. A terapêutica está no imo da criatura. Poucos sabem ouvir os ditames da consciência quando se encontram sob as restrições impostas pela depressão. Esse é o estado denominado "consciência tranquila", ou seja, quando o *self* supera as tormentas da culpa e do medo, da ansiedade e do instinto de posse. Aprendendo a arte de ouvir esse guia infalível, a criatura caminha para o sossego íntimo, a serenidade, a plenitude, a alegria.

A saúde decorre de uma relação sinérgica com o *self*. Dele partem as forças capazes de estabelecer o clima da alegria de ser. Do *self* procede a **energia da vida**, o tônus que permite a criatura ampliar seu raio de interação com a natureza – outra fonte de vida -, expressão celeste de Deus no universo. A depressão é ausência dessa energia de base, dessa força de vitalidade e saúde, ensejando a defasagem, o esgotamento. A ausência de contato com o amor – Lei universal de vida e saúde integral – responde pelos reflexos da morte interior.

Nos apelos da consciência encontraremos o receituário para a liberdade e a paz, o equilíbrio e o progresso.

A ingestão dessa medicação amarga será uma batalha sem tréguas, porque aderir aos ditames conscienciais significa, antes de tudo, deixar de desejar o que se quer para fazer o que se deve. Nessa escola de novas aprendizagens, a alma fará cursos intensivos de novos costumes e emoções através do aprendizado de olhar para si.

A ausência de uma percepção muito nítida das nossas reais necessidades interiores leva-nos à busca do prazer estereotipado, aquele que a maioria procura para preencher o vazio, e não para viver criativamente em paz. Depois vem a culpa e outras manifestações de dor. O prazer real é somente aquele que nos equilibra e preenche sem sofrimentos posteriores.

Somente estando identificados com os recados do *self*, construiremos uma vida criativa, adequada ao caminho individual. Jung chamou esse processo de individuação. Descobrir nossa singularidade, saber vivê-la sem afronta ao meio e colocá-la a serviço do bem, essas as etapas do crescimento sistêmico, integrado com o próximo, a vida e a natureza. Individuação só será possível acolhendo a sombra do inconsciente através dos braços do ego, entregando-a à inteligência espiritual do *self*, para transformá-la em luz e erguimento conforme as aspirações do Espírito.

Depressão – condição mental da alma que começa a resgatar o encontro com a verdade sobre si mesma depois de milênios nos labirintos da ilusão.

> "A felicidade terrestre é relativa à posição de cada um. O que basta para a felicidade de um, constitui a desgraça de outro. Haverá, contudo, alguma soma de felicidade comum a todos os homens?

> Com relação à vida material, é a posse do necessário. Com relação à vida moral, a consciência tranquila e a fé no futuro."[1]

Consciência tranquila e prazer de viver, a maior conquista das pessoas livres e felizes.

---

[1] *O livro dos espíritos* – questão 922

Capítulo 06

Identidade Cósmica

"E aqui está o segundo que é semelhante ao primeiro:
Amarás o teu próximo, como a ti mesmo."

O evangelho segundo o espiritismo – capítulo 15 – item 4

Chamamos de atitude amorosa o tratamento benevolente com nosso íntimo através da criação de um relacionamento pacífico com as imperfeições. Desenvolver habilidades benevolentes para consigo é a base da vida saudável e o ponto de partida para o crescimento em harmonia.

Amar a si mesmo é o cerne da proposta educativa do Ser na prova das reencarnações. O aprendizado do autoamor tem como requisito essencial a descoberta de nossa identidade cósmica, ou seja, a realidade do que somos na Obra Incomensurável do Pai, nossa singularidade. A singularidade é a Marca de Deus que define nossa história real no trajeto da evolução. É como o Pai nos conclama ser na Sua Criação.

Importante frisar que a singularidade é o conjunto de caracteres morais e espirituais peculiares à criatura única que somos. Nela se incluem também as mazelas cujos princípios foram colocados no homem para o bem, conforme acentuam os Sábios Orientadores da codificação.[1]

---

[1] *O livro dos espíritos* – questão 907

Quando rejeitamos alguns aspectos dessa identidade exclusiva, nasce o conflito, que é a tormenta interior da alma convocada a transformar para melhor sua condição individual. O doutor Carl Gustav Jung definiu esse movimento da vida mental como sendo individuação, isto é, viver em busca da individualidade, do Si Mesmo. Não se trata de viver o individualismo, o personalismo, mas aprender a ser, permitindo a expressão de suas características divinas latentes e de sua sombra sem as máscaras sociais.

O progresso pessoal de cada um de nós é a arte de saber integrar os fragmentos da vida íntima, harmonizando-os para que reflitam as leis naturais de cooperação, trabalho e liberdade.

Somente vibrando na frequência do amor, esse movimento educativo da alma plenifica-se sem a angústia e o martírio – patrocinadores de longas e dolorosas crises nesse caminhar evolutivo. A convivência compassiva com nossa sombra só será possível com aceitação de nossa identidade cósmica, dos sentimentos, desejos, ações, impulsos e pensamentos. Aceitar é entrar em contato sem reprimir; é criar uma conexão sem julgamento e condenação. Aceitação não significa acomodação ou adesão passiva, mas, sim, entender, investigar e redirecionar esse patrimônio sem rigidez ou desamor. É cuidar bem de si mesmo com ternura e respeito ao patrimônio adquirido, incluindo os maus pendores. Aceitação é a maneira carinhosa de tratar nossa intimidade, sem rivalidade.

Aceitar-se é confundido com passividade, irresponsabilidade. O conceito é exatamente o inverso, pois quando eu aceito as coisas como são, eu resgato minha força e o poder transformador.

Se nós não nos aceitamos, magoamos a nós mesmos, por isso o autoamor é também autoperdão. Perdoar é ter uma atitude de compaixão que nos distancie dos julgamentos e críticas severas e inflexíveis.

O remédio será aprender a amar a vida que temos, o que somos, o que detemos e viver um dia após o outro, cultivando na intimidade a certeza de que o percurso que fizemos deve ser visto como o melhor e mais proveitoso às necessidades que carregamos. É a nossa "marca personalizada" na Obra da Criação pela qual devemos responder com senso moral.

Certamente as Leis Divinas, a todo instante, conspiram para que afinemos essa singularidade com a frequência de Deus, sempre elevando-nos e progredindo. A proposta do autoamor, impele-nos, sobretudo, a conhecer nosso ritmo evolutivo, nossa capacidade pessoal de ajustarmo--nos a essa melodia universal.

Ninguém consegue ultrapassar seus limites pessoais de uma hora para outra. A palavra limite quer dizer o ponto máximo. Em termos espirituais, só daremos conta daquilo que podemos. Nem mais nem menos. O martírio representa alguém querendo dar além do que consegue, idealizando caminhos, cobrando de si o impossível. Uma postura de inaceitação de sua condição íntima, gerando insatisfações e desequilíbrios.

Quando não amamos a nós mesmos, vivemos à mercê da influência dos palpites e reprimendas. A aprovação alheia é mais importante que a aprovação interior. Nessa situação escasseiam estima e confiança a si próprio, que impossibilitam a expressão da condição particular. Assim sentimo-nos prisioneiros adotando máscaras com as quais procuramos evitar a rejeição social, fazendo-nos infelizes e revoltados.

Ninguém pode definir para nós o quanto ou como deveríamos agir. Podemos ouvir opiniões e conselhos, corretivos e advertência, porém, o exercício do autoamor nos ensinará a tirar de cada situação aquilo que, de fato, nos seja útil ao crescimento. Cada pessoa ou situação de nossas vidas é como o cinzel que auxiliará a esculpir a obra incomparável da ascensão particular. Mas recordemos: apenas um cinzel! Apenas instrumentos! Pois a tarefa intransferível de talhar é com cada um de nós, escultores da individuação .

Quem se ama, imuniza-se contra as mágoas, guarda serenidade perante acusações, desapega-se da exterioridade como condição para o bem-estar, foca as soluções e valores, cultiva indulgência com o semelhante, tem prazer de viver e colabora espontaneamente com o bem de todos e de tudo.

Por longo tempo ainda exercitaremos esse amor a nós mesmos, alfabetizando nossas habilidades emocionais para um relacionamento intrapessoal fraterno e equilibrado. A primeira condição para nos engajarmos na Lei do Amor é essa caridade conosco, o encontro do *self* divino, sem o qual ficaremos desnorteados no labirinto das experiências diárias, à mercê de pessoas e fatos, adiando o Instante Celeste de sintonizar nossos passos com a paz interior que todos, afanosamente, estamos perseguindo.

Ermance Dufaux

Capítulo 07

Carta de Misericórdia

"Como é que vedes um argueiro no olho do vosso irmão, quando não vedes uma trave no vosso olho? – Ou, como é que dizeis ao vosso irmão: Deixa-me tirar um argueiro ao teu olho, vós que tendes no vosso uma trave? – Hipócritas, tirai primeiro a trave ao vosso olho e depois, então, vede como podereis tirar o argueiro do olho do vosso irmão. (Mateus 7:3-5)

O evangelho segundo o espiritismo – capítulo 10– item 14

Um dos efeitos mais inconfessáveis da arrogância em nossos relacionamentos é a nossa falta de habilidade para conviver com honestidade emocional perante o brilho dos êxitos alheios.

Com rara facilidade, sob ação fascinadora da arrogância, julgamos-nos os melhores naquilo que fazemos. Esse é um efeito dos mais perceptíveis do estado orgulhoso de ser, isto é, a propriedade mental de nos toldar a visão para enxergar o quanto nos iludimos com as fantasias do ego.

O senhor Allan Kardec teve ensejo de destacar: "Com efeito, como poderá um homem, bastante presunçoso para acreditar na importância da sua personalidade e na supremacia das suas qualidades, possuir ao mesmo tempo abnegação bastante para fazer ressaltar em outrem o bem que o eclipsaria, em vez do mal que o exalçaria?"[1]

Na maioria das vezes, o mérito alheio ainda é recebido no nosso coração como uma ameaça ou até mesmo uma afronta. Raramente, admitimos tal verdade. O hábito

---

[1]   *O evangelho segundo o espiritismo* – capítulo 10 – item 10

milenar de racionalizar nossos sentimentos constitui uma couraça psicológica enrijecida pelo orgulho.

"O orgulho vos induz a julgar-vos mais do que sois; a não suportardes uma comparação que vos possa rebaixar; a vos considerardes, ao contrário, tão acima dos vossos irmãos, quer em espírito, quer em posição social, quer mesmo em vantagens pessoais, que o menor paralelo vos irrita e aborrece." Um Espírito protetor. (Bordéus, 1863).[2]

A educação dos sentimentos depende de abundante honestidade emocional para conduzir-nos à verdade sobre nós mesmos. Sem consciência de suas raízes, jamais admitiremos a presença do ciúme e da inveja – monstros roedores da paz interior.

Combalidos por antigas frustrações, desgostosos conosco mesmo, sentimo-nos desvalorizados, tomados por uma sensação de inutilidade e abandono que tentamos mascarar com alegrias fictícias e conquistas perecíveis. Nesse clima psicológico, como cultivar empatia e entusiasmo com as virtudes alheias?

Os relacionamentos a todo instante sofrem os efeitos indesejáveis da carga vibratória dessas desconhecidas sombras íntimas, criando estados de desconforto que estipulam a antipatia ou mesmo a aversão, sem que haja, de nossa parte, qualquer intenção nesse sentido. São reflexos automáticos que trazemos na vida mental, com enorme poder de ação sobre as atitudes, sem que disso tenhamos consciência.

---

[2] *O evangelho segundo o espiritismo* – capítulo 9 – item 9

E o que é mais grave: por desconhecer a natureza dessas emoções, vemos o argueiro no olho alheio, sendo que temos uma trave em nossa visão espiritual, conforme a assertiva evangélica. Sentimos que as relações não vão bem, mas por incapacidade ou falta de habilidade em analisar a nós próprios, instintivamente fazemos uma projeção na tentativa de descobrir do lado de fora, aquilo que, em verdade, está dentro de nós.

Que nenhum discípulo de Jesus, perante os fracassos e perdas na vida interpessoal, julgue-se derrotado ou mal-intencionado. Nos serviços da Obra Cristã nos quais somos colaboradores iniciantes, não devemos jamais nos permitir desacreditar nas intenções sinceras que sustentam nossos ideais de ascensão. Quase sempre, elas constituem nossa única garantia legítima em direção aos projetos de iluminação espiritual que abraçamos.

Se assim nos pronunciamos é porque, mesmo entre os discípulos da Boa Nova, a nobreza de intenções não é suficiente para impedir os efeitos lamentáveis da altivez que carregamos em nossos corações. Por muito tempo ainda, lutaremos tenazmente na colheita infeliz dos reflexos de prepotência e competição, que assinalam nossos impulsos uns perante os outros.

É um processo natural da evolução. Nada há de errado em sentir o que sentimos. O problema surge quando rebelamos em aceitar e investigar a existência de semelhantes atitudes de cada hora.

Não agimos assim por mal. Deliberamente. São as compulsões morais que geramos nas experiências sucessivas da ambição e da loucura nas vitórias perecíveis.

Perdoar o outro e a nós mesmos será sempre a solução. Olhemos para nós com lealdade, mas, igualmente, com carinho e misericórdia. Somos almas recém saídas das fileiras do mal. Estamos, a exemplo do Filho Pródigo[3] retomando nossos caminhos após as atitudes enfermiças de esbanjamento psicológico e emocional, que nos aprisionaram nas refregas do vazio existencial.

Segundo o benfeitor Calderaro, o capítulo dez de *O evangelho segundo o espiritismo*, "Os Que São Misericordiosos", deveria ser um dos textos mais estudados entre nós, os seguidores da Doutrina Espírita.

Os ambientes educativos dos centros espíritas que não cultivarem a misericórdia terão enormes obstáculos com o conflito improdutivo – resultado da maledicência e da hipocrisia, da severidade e da intolerância.

Tolerância, indulgência, perdão, compaixão e benevolência são algumas das expressões morais imprescindíveis no trato de uns para com os outros. Sem essas atitudes de amor, como nos suportaremos?

A comunidade doutrinária espírita avizinha o momento de seu desabrochar para a maioridade. A consciência da extensão de nossas enfermidades nos levará a concluirmos que nosso movimento libertador é um hospital de vastas proporções e especificidades. Como doentes em busca da cura, reconheceremos as necessidades do amor, sem o qual adiaremos nossa alta médica. E que manifestação de amor mais palpável pode existir que a misericórdia?

---

[3]   Lucas 15:11-32

Ermance Dufaux

Nada dói tanto aos seguidores sinceros de Jesus quanto a ofensa não intencional, as rusgas não desejadas, as perdas afetivas, as reações inesperadas de ingratidão, o vício em colecionar certezas irremovíveis que traduzem prepotência, a indiferença e o menosprezo. São os frutos da ausência de misericórdia no coração humano.

Enquanto procurarmos as causas das decepções de nossas relações no estudo das imperfeições, não encontraremos respostas satisfatórias às nossas indagações e nem consolo para nossa alma. Somente compreendendo sinceramente quais lições evangélicas deixamos de aplicar em cada passo do caminho, obteremos alento, orientação e estímulo. Misericórdia para com as imperfeições alheias, piedade para com nossas falhas!

Portanto, as casas espíritas orientadas pelas atitudes de amor adotem sem demora o projeto da misericórdia fraternal. Que se reúnam em vivências de honestidade emocional; que tenham bondade para tratar de seus sentimentos e discuti-los em equipe; que sejam sinceros, porém, acolhedores; que possam olhar de frente para a arrogância que ainda nos domina, e que tenham coragem de confrontá-la em público; que saibam pedir perdão. São conjuntos doutrinários dispostos a estimular o brilho das qualidades uns dos outros e a compaixão com os defeitos, motivados pela abolição da rigidez mórbida.

No Hospital Esperança, dona Modesta desenvolve uma atividade de fidelidade aos sentimentos. Chama-se Tribuna da Humildade. É um recurso terapêutico aplicado em pacientes depois de certo tempo de tratamento emocional. Depoimentos, cartas, pedidos de perdão, histórias de vida, fracassos e vitórias são apresentados como forma de cuidar dos sentimentos secretos, não admitidos durante a vida física.

Gostaríamos de passar aos amigos de ideal na carne a síntese de uma carta que foi lida por destacado líder espírita ao ocupar, oportunamente, a Tribuna. Não importa o que se passou ou o que virá, nosso intuito é pensarmos, a todo instante, que a aplicação da misericórdia é a virtude que abranda nossos corações e o testemunho da leveza em nossas almas.

"Senhores e senhoras, irmãos de doutrina, paz na alma.

Vir aqui falar de meus sentimentos é uma honra. Só lamento que tenha descoberto tão tarde o bem que me faz falar do que sinto.

A vida física brindou-me com a benção de ser espírita. Três décadas e meia em ininterrupta e afanosa atividade doutrinária.

Sou uma vítima de mim mesmo. É incrível como ouvi tantas e tantas vezes, assim como acredito que tenha ocorrido igualmente com muitos aqui presentes, sobre a importância de perdoar e, no entanto, tal esclarecimento ficou apenas no cérebro. Impermeável ao coração.

Tenho aprendido, sob a custódia de dona Modesta, que, quando a lembrança de alguém vem em nossa mente e desperta maus sentimentos, estamos magoados. Segundo ela, a mágoa que permanece por mais de uma hora em nossa cabeça, desce para o coração. E só Deus sabe quando sairá daí...

É o meu caso! Deixei a mágoa por mais de uma hora na cabeça!

Talvez alguém possa perguntar: por que a mágoa não deve permanecer por mais de uma hora em nossa cabeça?

Ermance Dufaux

Segundo dona Modesta, esses sessenta minutos são suficientes para perguntarmos a nós mesmos por que nos magoamos e descobrirmos os remédios para nos curar e livrar-nos das algemas da ofensa.

A princípio, pode parecer uma atitude ingênua e despropositial, mas somente quem já sofreu o bastante com as mágoas sabe da importância de exonerá-las o quanto antes da intimidade. Ao adquirir consciência dos males que ela nos traz, temos mais motivos ainda para extirpá-las.

Eu trouxe durante décadas a lembrança desagradável de pessoas e situações que permiti morarem em meu pensamento por mais de uma hora na condição de opositores.

Olhei demais para fora e a doença desceu da cabeça para o coração.

Pois bem! Isso me custou um câncer, perdas afetivas muito caras, lágrimas sem conta, angústia interminável, isolamento e o desencarne prematuro.

Aqui estou eu diante de mim mesmo. E os meus supostos inimigos, aqueles que me feriram, onde e como estão?

Certamente seguem seus caminhos e não levam más lembranças, especialmente de minha pessoa.

Meus amigos, o drama é um só! Tivesse lucidez suficiente e bastariam sessenta minutos para descobri-lo!

Faltou-me honestidade emocional para admitir que eu era invejoso, ciumento, competitivo, avesso a críticas e melindroso. Meu orgulho impediu-me de admitir que outras pessoas fossem tão boas quanto eu naquilo que eu fazia. Fracassei em um dos testes mais difíceis da jornada humana: exaltar a importância do outro com legítima alegria no coração e 'me diminuir para que o Cristo cresça'. [4]

Em meu favor, tenho apenas as minhas intenções. Em nenhum momento, conscientemente, calculei conflitos ou interesses pessoais. Sou vítima de mim mesmo e do meu passado de semeadura na arrogância.

Tudo passou no tempo, mas ainda trago a mente presa ao passado. Isso é a mágoa no coração.

Permiti-me adoecer. Magoar-se é admitir ser ferido, machucado.

A cicatrização pode demorar. A minha está se processando somente depois da morte.

Como? Como cicatrizar essas ulcerações que eu mesmo provoquei? Como esquecer? Foram as perguntas que fiz desesperadamente ao tomar maior consciência do quanto me faziam sofrer.

Dona Modesta, aqui presente, é testemunha da minha dor.

Como religiosos, raramente escapamos de uma velha armadilha: a presunção. Eu não escapei.

Por presunção tornei-me um exímio juiz dos atos alheios, recheado de certezas sobre a conduta dos outros, um psicólogo implacável do comportamento do próximo. Tinha nos lábios as explicações perfeitas para a atitude de todos que me ofenderam. Quanto a mim, sempre me desculpava.

Como pude ser tão descuidado!

---

[4]   João 3:30

Ermance Dufaux

Olhei demais para o argueiro do próximo e não vi minha própria trave.

É preciso muita coragem para nos confrontar! Admitir a presença da inveja. Reconhecer que todos os nossos dissabores começam em nós mesmos. Conscientizar que somos os únicos responsáveis pelo que sentimos. Que podemos a qualquer momento retomar nossa alegria, nossas metas, nosso processo de crescimento, conforme a orientação evangélica que já possuímos.

Foi então que surgiu uma palavra fundamental na minha recuperação: Misericórdia!

Permitam-me a leitura de um parágrafo que se tornou a fonte de inspiração para minha recuperação:

> 'Espíritas, jamais vos esqueçais de que, tanto por palavras, como por atos, o perdão das injúrias não deve ser um termo vão. Pois que vos dizeis espíritas, sede-o. Olvidai o mal que vos hajam feito e não penseis senão numa coisa: no bem que podeis fazer. Aquele que enveredou por esse caminho não tem que se afastar daí, ainda que por pensamento, uma vez que sois responsáveis pelos vossos pensamentos, os quais todos Deus conhece. Cuidai, portanto, de os expungir de todo sentimento de rancor. Deus sabe o que demora no fundo do coração de cada um de seus filhos. Feliz, pois, daquele que pode todas as noites adormecer, dizendo: Nada tenho contra o meu próximo. Simeão. (Bordéus, 1862.)'[5]

Misericórdia! Ao invés de estudar as razões das ofensas, passei a pensar e aplicar a atitude de misericórdia.

---

[5] *O evangelho segundo o espiritismo* – capítulo 10– item 14

Mentalizei meus supostos adversários que me traziam más recordações e os envolvia em luzes de cores calmantes. Orei com sinceridade pedindo a Deus por eles.

Lamentavelmente não pude fazer o que faria hoje se estivesse no corpo: os procuraria para um abraço sincero.

Misericórdia, inclusive para mim, foi o que pratiquei, pois perdi, além de tudo, a minha paz. Autoperdão, admitir a minha participação em tudo aquilo que era motivo de queixa para mim. Como é doloroso tomar contato com as nossas ilusões.

Incrível! Hoje tenho conhecido dramas terríveis de pessoas que foram efetivamente feridas e dilaceradas na vida física, e que se encontram aqui nessa casa de amor em estados melhores que o meu.

Como nós espíritas nos ferimos sem motivos reais para tanto!

Somente quando conseguirmos rir das atitudes que nos feriram, estaremos nos curando.

Quanta arrogância totalmente desnecessária em uma obra que nem nos pertence!

Que vergonha a minha! Como eu gostaria que tudo tivesse sido diferente! Sem dissensões, inimizades e perdas.

Só tenho uma virtude em toda a minha história. Não desisti de refazer meus caminhos. Talvez por isso sofra tanto. Por isso estou aplicando a misericórdia comigo também.

Não existe para mim conceito mais claro de misericórdia que acolher com afeto e carinho, estímulo e alegria o valor alheio, ceder da minha importância pessoal em favor da motivação de outrem para sua caminhada.

Ermance Dufaux

Hoje, creio sinceramente que se concedermos apenas uma hora para analisarmos as imperfeições e usarmos o restante do tempo para nos amar, a vida nos presenteará com mais motivos para ser feliz.

Penso muito em Jesus. Sabendo de todas as nossas mazelas, mesmo hoje como espíritas, Ele continua contando conosco.

Essa tem sido a minha força.

Saber que o Mestre ainda conta comigo tem sido meu descanso, minha motivação.

Obrigado a todos por me ouvirem."

Capítulo 08

Estudando a Arrogância I

"Assim não deve ser entre vós; ao contrário, aquele que quiser tornar-se o maior, seja vosso servo; – e, aquele que quiser ser o primeiro entre vós seja vosso escravo." (Mateus 20:20-28)

O evangelho segundo o espiritismo – capítulo 7 – item 4

Arrogância, eis um tema de extrema importância para ser meditado em nossos núcleos de amor cristão.

Tenho arrogância? Como descobri-la? O que é arrogância? Um sentimento ou uma atitude? Qual a sua origem? Como se manifesta? Como perceber uma atitude arrogante? Que fazer para superar essa doença moral? Como espíritas somos arrogantes? Como? Quando? Por que existe ainda a arrogância em nossa conduta, apesar do conhecimento doutrinário?

Os Sábios Guias da Verdade oportunamente responderam ao senhor Allan Kardec: "De todas as imperfeições humanas, o egoísmo é a mais difícil de desenraizar-se porque deriva da influência da matéria, influência de que o homem, ainda muito próximo de sua origem, não pôde libertar-se e para cujo entretenimento tudo concorre: suas leis, sua organização social, sua educação."

O estudo do sentimento de egoísmo constitui elemento fundamental no entendimento de nossas necessidades espirituais. Significa estudar nossa própria história evolutiva. A sutil diferença entre pensar excessivamente em si e pensar em si com benevolência pode determinar a natureza de todos os sentimentos humanos. O excesso de interesse por si mesmo é um ciclo de ilusões que se repete sustentando o autodesamor em milênios de perturbação. A benevolência é a bondade efetiva que caminha de braços dados com a edificação da paz interior.

O codificador ponderou: "Não; a paixão está no excesso de que se acresceu a vontade, visto que o princípio que lhe dá origem foi posto no homem para o bem, tanto que as paixões podem levá-lo à realização de grandes coisas. O abuso que delas se faz é que causa o mal."[1]

Na linha do tempo o egoísmo sofreu mutações infinitas que compõem a versatilidade de toda a estrutura sentimental do Ser. O abuso desses germens de luz tem constituído entrave ao longo dos tempos. A paixão – ausência de domínio sob gerência da vontade – ensejou reflexos perniciosos, cujas raízes encontram-se no egocentrismo – o estado mental de fechamento nas nossas próprias criações.

Nessa linha de evolução, o instinto de conservação desenvolveu a posse como sinônimo de proteção, vindo a constituir o núcleo da tormenta humana como asseveram acima os Sábios Orientadores da Verdade: "(...) o egoísmo é a mais difícil de desenraizar-se porque deriva da influência da matéria(...)"

Alicerçados na necessidade apaixonada de proteção material, enlouquecemos através da posse e a conduta arrogante ensejou-nos a concretização dessa atitude de egoísmo.

O princípio que gera a arrogância foi colocado no homem para o bem. É a ânsia de crescer e realizar-se. O impulso

---

[1] *O livro dos espíritos* – questão 907 – comentário de Allan Kardec

para progredir. O instinto de conservação que prevê a proteção, a defesa. Tais princípios são os fatores de motivação para a coragem, a ousadia, o encanto com os desafios. Graças a eles surgem os líderes, o idealismo e as grandes realizações inspiradas em visões ampliadas do futuro. O excesso de tudo isso, no entanto, criou a paixão. A paixão gerou o vício. O vício patrocinou o desequilíbrio.

Comparemos o egoísmo como sendo o vírus e a arrogância a doença, seus efeitos nocivos e destruidores.

Arrogância, "qualidade ou caráter de quem, por suposta superioridade moral, social, intelectual ou de comportamento, assume atitude prepotente ou de desprezo com relação aos outros; orgulho ostensivo, altivez." Esse é o conceito dos dicionários humanos.[2]

No sentido espiritual podemos inferir vários conceitos para o sentimento de arrogar. Vejamos alguns: exacerbada estima a si mesmo; supervalorização de si; autoconceito super dimensionado; desejo compulsivo de se impor aos demais.

O egoísmo é o sentimento básico. Arrogância é a atitude íntima derivada desse alicerce de sensações nascidas no coração ocupado, exclusivamente, com seu ego. Uma compulsiva necessidade de ser o primeiro, o melhor, manifestada através de um cortejo de pensamentos, emoções, sensações e condutas que determinam o raio espiritual no qual a criatura transita.

Asseveram os Sábios Guias: "(...) a paixão está no excesso de que se acresceu a vontade, visto que o princípio que

---

[2] Dicionário Houaiss

lhe dá origem foi posto no homem para o bem, tanto que as paixões podem levá-lo à realização de grandes coisas. O abuso que delas se faz é que causa o mal."

Façamos um pequeno gráfico*. Escreva a palavra arrogância e a circule. Agora faça quatro traços nos pontos cardeais e escreva: rigidez, competição, imprudência, prepotência. Novamente faça um círculo em torno desses pontos e escreva: estado orgulhoso de ser. Feche um novo círculo.

Essas são as quatro ações mais perceptíveis em decorrência do ato de arrogar que estruturam expressiva maioria dos estados psicológicos e emocionais do Ser. A partir desse estado orgulhoso de ser, podemos perceber um quadro mental de rígida autossuficiência, do qual nascem as ilusões e os equívocos da caminhada humana, arrojando-nos aos despenhadeiros da insanidade aceitável e da rivalidade envernizada.

O traço predominante na personalidade arrogante é a não conformidade. Usada com equilíbrio, é fonte de crescimento e progresso. Todavia, sob ação dos reflexos da posse e do interesse pessoal, que marcaram, acentuadamente, nossas reencarnações, esse traço atingiu o patamar de rebeldia e obstinação enfermiça.

A rebeldia tornou-se um condicionamento psicológico que dilata as ações da arrogância. Uma lente de aumento que decuplica e acelera as mutações da autossuficiência.

Estudemos, portanto, as atitudes pilares da arrogância sob as lentes da rebeldia.

A **rigidez** é a raiz das condutas autoritárias e da teimosia que, frequentemente, deságuam nos comportamentos de intolerância. Sob a ação da rebeldia, patrocina o desrespeito ao livre-arbítrio alheio e alimenta constantemente o melindre por a vida não ser como ele gostaria que fosse.

A **competição** não existe sem a comparação e o impulso de disputa. Quando tomado pela paixão, a força motriz de semelhante ação é o sentimento de inveja. Na mira da rebeldia, causa o menosprezo e a indiferença que tenta empanar o brilho de outrem. A competição é o alimento do sentimento de superioridade.

A **imprudência** é marcada pela ousadia transgressora que não teme e nem respeita os limites. Quase sempre, essa inquietude da alma alcança o perfeccionismo e a ansiedade que, frequentemente, deságuam na necessidade de controle e domínio. Consubstanciam modos rebeldes de ser. Desejo de hegemonia. Sentimento de poder.

A **prepotência** é um efeito natural da perspicácia que pode insuflar a megalomania, a presunção. Juntos formam o piso da vaidade. A rebeldia, nesse passo, conduz a uma desmedida necessidade de fixar-se em certezas que adornam posturas de infalibilidade.

Conforme o temperamento e a história espiritual particular, a arrogância manifesta-se com maior ou menor ênfase em uma das quatro ações descritas, criando efeitos variados no comportamento. Apesar disso, a cadeia de reflexos íntimos é muito similar.

Egoísmo que na sua mutação transforma-se em arrogância; essa, por sua vez, deriva um cortejo de outros sentimentos sob a ação do orgulho e da rebeldia.

A arrogância retira-nos o senso de realidade. Acreditamos mais naquilo que pensamos sobre o mundo e as pessoas do que naquilo que são realmente. Por essa razão, esse processo da vida mental consolida-se como piso de inumeráveis psicopatologias da classificação humana. A alteração da percepção do pensamento é o fator gerador dos mais severos transtornos psiquiátricos. São as manifestações enfermiças do eu na direção do narcisismo: na rigidez, eu controlo; na competição, eu sou maior; na imprudência, eu quero; na prepotência, eu posso. A arrogância nos faz pensar na vida e, ao pensá-la, afastamo-nos dos nossos sentimentos.

Essa desconexão com a realidade estabelece a presença contínua das fantasias no funcionamento mental, isto é, a interpretação ou imagem desvirtuada que a pessoa alimenta acerca de fatos, pessoas e coisas. Nesse passo existem dois tipos psicológicos mais comuns: a arrogância voltada para o passado, quando há uma fixação em mágoas decorrentes da inaceitação de ocorrências que, na sua excessiva autovalorização, o arrogante acredita não merecê-las; a arrogância dirigida ao futuro, quando a criatura vive de ideais, no mundo das ideias, acreditando-se mais capaz e valorosa do que realmente é. Passível de realizar grandes e importantes missões. Tais deslocamentos da mente são formas de evadir de algo difícil de aceitar no presente. De alguma maneira, constituem mecanismos protetores, todavia, quando se prolongam demasiadamente, podem gerar enfermidades psíquicas. A depressão é resultado da arrogância voltada ao passado. E a psicose em relação ao futuro.

Interessante observar que uma das propriedades psicológicas doentias mais presentes na estrutura rebelde da arrogância é a incapacidade para percebê-la. Efeito mais habitual de sua ação na mente humana. Basta destacar

Ermance Dufaux

que dificilmente aceitamos ser adjetivados de arrogantes, entretanto, um estudo minucioso nos levará a concluir que, raríssimas vezes na Terra, encontraremos condutas livres dessa velha patologia moral.

Relacionemos outros efeitos dessa doença:

1. Perda do autodomínio.

2. Apego a convicções pessoais.

3. Gosto por julgar e rotular a conduta alheia.

4. Necessidade de exercício do poder.

5. Rejeição a críticas ou questionamentos.

6. Negação de sentimentos.

7. Ter resposta para tudo.

8. Desprezo aos esforços alheios.

9. Imponência nas expressões corporais.

10. Personalismo.

11. Autossuficiência nas decisões.

12. Bloqueio na habilidade da empatia.

13. Incapacidade para a alteridade.

14. Turva o afeto.

15. Acredita que pode mais do que realmente é capaz.

16. Busca mais do que necessita.

17. Quer ir além de seus limites.

18. Exige mais do que consegue.

19. Sente que é especial pelo bem que faz.

20. Supõe ter a capacidade de dizer o que é certo e errado para os outros.

21. Sente-se com direitos e qualidades em função do tempo de doutrina e da folha de serviços.

22. Acredita ter a melhor percepção sobre as responsabilidades que lhe são entregues em nome do Cristo.

23. Julga-se apto a conhecer o que se passa no íntimo do seu próximo.

24. Despreza o valor alheio

A ausência de consciência sobre esse sentimento e suas manifestações de rebeldia tem sido responsável por inúmeros acidentes da vida interpessoal. Mesmo entre os seguidores das orientações do Evangelho, destroem as mais caras afeições, levando muita vez a tomar os amigos como autênticos adversários como destaca a questão 917 de *O livro dos espíritos*:

> "Quando compreender bem que no egoísmo reside uma dessas causas, a que gera o orgulho, a ambição, a cupidez, a inveja, o ódio, o ciúme, que a cada momento o magoam, a que perturba todas as relações sociais, provoca as dissensões, aniquila a confiança, a que o obriga a se manter constantemente na defensiva contra o seu vizinho, enfim a que do amigo faz inimigo, ele compreenderá também que esse vício é

incompatível com a sua felicidade e, podemos mesmo acrescentar, com a sua própria segurança."

Ter autoconsciência é uma das habilidades da inteligência emocional. Saber dar nome aos nossos sentimentos é fundamental no processo de crescimento e reforma interior. A arrogância que costumamos rejeitar como característica de nossa personalidade é responsável por uma dinâmica metamorfose dos sentimentos.

A ignorância de seus efeitos em nossa vida é explorada pelos gênios astutos da perversidade no planeta.

Necessário registrar que os apontamentos sobre a arrogância aqui transcritos foram embasados no livro *Porta larga, o caminho da perdição humana*. Um exemplar utilizado nas escolas da maldade em núcleos organizados da erraticidade, arquivado na biblioteca do Hospital Esperança quando seu próprio autor foi resgatado e socorrido por Eurípedes Barsanulfo há algumas décadas. Hoje reencarnado no seio do Espiritismo, esse escritor das penas vãs busca sua redenção na luta contra sua própria arrogância. O gráfico que sugerimos, também da autoria de nosso irmão, é usado em inúmeras plataformas de estudos com finalidades predominantes em clãs da perversidade.

O livro, que ainda permanece arquivado em nosso centro de estudos, é um exemplar de inteligência psicológica cujo propósito é combater a mensagem evangélica do Cristo embasada na humildade. Segundo o autor, a arrogância é a porta larga para implantação do caos no orbe terreno.

"Assim não deve ser entre vós; ao contrário, aquele que quiser tornar-se o maior, seja vosso servo; – e, aquele que quiser ser o primeiro entre vós seja vosso escravo."

Por que essa compulsão por ser o maior em uma obra que não nos pertence? Se a obra é do Cristo, por que a anti-fraternidade?

Considerando tais reflexões acerca dessa doença dos costumes, teçamos algumas ponderações que nos motivem a algumas autoaferições à luz da claridade espírita.

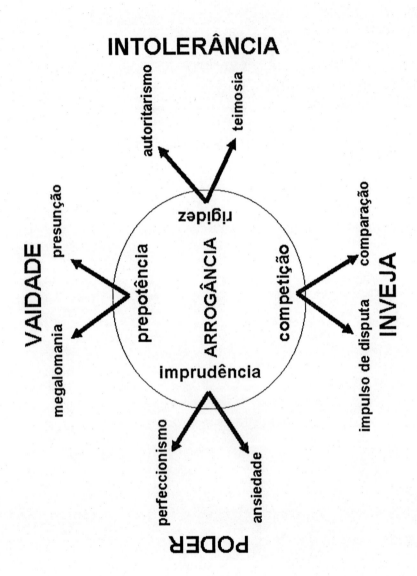

* Gráfico proposto pela autora espiritual

Capítulo 09

Estudando a Arrogância II

"Não procureis, pois, na Terra, os primeiros lugares, nem vos colocar acima dos outros, se não quiserdes ser obrigados a descer. Buscai, ao contrário, o lugar mais humilde e mais modesto, porquanto Deus saberá dar-vos um mais elevado no céu, se o merecerdes."

O evangelho segundo o espiritismo – capítulo 7 – item 6

"E chegou a Cafarnaum e, entrando em casa, perguntou-lhes: Que estáveis vós discutindo pelo caminho? Mas eles calaram-se; porque pelo caminho tinham disputado entre si qual era o maior."[1]

Esse cenário da época do Cristo ainda se repete entre nós até hoje. De forma velada, sutil, sob indução do reflexo da arrogância e suas consequentes máscaras, ainda disputamos a maioridade em relação a quem partilha conosco o trabalho do bem.

O reflexo mais saliente do ato de arrogar é a disputa pela apropriação da Verdade. Nossa necessidade compulsiva de estarmos sempre com a razão demonstra a ação egoísta pela posse da Verdade, isto é, daquilo que chancelamos como sendo a Verdade.

De posse dessa sensação orgulhosa de possuir o certo em nosso ponto de vista, há milênios adotamos condutas que nos causam a agradável ilusão de possuirmos autoridade suficiente para julgar com precisão a vida alheia.

---

[1] Marcos 9:33 e 34

É com base nesse estado orgulhoso de ser que sustentamos o velho processo psíquico de autofascinação com o qual nutrimos exacerbada convicção nas opiniões pessoais, especialmente em se tratando das intenções e atitudes do próximo.

Na raiz desse mecanismo psicológico encontra-se a neurótica necessidade da disputa, de nos sentirmos superiores uns em relação aos outros.

O orgulho é o sentimento de superioridade pessoal e a arrogância é a expressão doentia desse traço moral.

Iluminados pela Doutrina Espírita, não desejamos mais o mal de outrem. Enobrecidos pelas boas intenções, já nos qualificamos para operar algo de útil em favor do bem alheio, contudo, os reflexos mentais do orgulho ainda não nos permitem vencer o sentimento de importância pessoal. Reconhecer pelo coração o valor alheio na Obra do Cristo ainda constitui um enorme desafio educativo para nossas almas.

A mais destruidora atitude na convivência humana é a nossa arrogância de acreditar convictamente no julgamento que fazemos acerca de nosso próximo. Mesmo imbuídos de intenções solidárias, somos ignorantes em matéria de limites nas relações humanas. Quase sempre somos assaltados por velhos ímpetos arquivados na bagagem da vida afetiva que nos inclinam a atitudes de invasão e desrespeito para com o semelhante.

"Assim não deve ser entre vós; ao contrário, aquele que quiser tornar-se o maior, seja vosso servo;"

O que torna uma pessoa importante é a sua capacidade de servir, de realizar. O impulso para ser útil, edificar,

Ermance Dufaux

superar limites, alcançar novos patamares de conquistas. É o mesmo princípio originário da arrogância. Entretanto, invertendo a ordem, desenvolvemos a destrutiva acomodação em ser servido.

"Ora, se eu, Senhor e Mestre, vos lavei os pés, vós deveis também lavar os pés uns aos outros. Porque eu vos dei o exemplo, para que, como eu vos fiz, façais vós também."[2]

Jesus é o grande exemplo de servidor. Para Ele, lavar os pés dos discípulos não era diminuir, mas avançar. Ele, naquele episódio, demonstra possuir consciência lúcida de Sua real condição íntima, portanto, não Se sentiu menor com o ato de servir.

Nossa grande dificuldade reside em desconhecer nosso real tamanho evolutivo. Não sabemos quem somos e partimos para adotar referências para fora de nós. Por isso não disputamos quem é o maior conosco e sim o próximo. E para que esssa disputa seja legítima, criamos o hábito de julgar através da apropriação da verdade. Diminuindo o outro, sentimo-nos maiores.

Humildade é saber quem se é. Nem mais, nem menos. É o estado da mente que se despe das comparações para fora e passa a comparar-se consigo própria, mensurando a realidade de si mesma.

Quem se compara com o outro cria a tormenta e não descobriu sua singularidade, seu valor pessoal. Não se ama e, por isso mesmo, necessita compulsivamente estabelecer disputas, incendiando-se de inveja e colecionando rótulos inspirados em irretorquíveis certezas pessoais.

---

[2] João 13:14 e 15

Quando nos abrimos para legitimar a humildade em nossas vidas, adotamo-nos como somos, aceitamos nossas imperfeições. Aprendendo a gostar de nós, eliminamos a ansiedade de competir para denegrir ou excluir.

Quando nos amamos, a ânsia de progredir transforma-se em fornalha crepitante de entusiasmo, distanciando-nos da atitude patológica de prestígio ou reconhecimento. Somente no clima do autoamor elencamos condições essenciais para analisar as tarefas doutrinárias como campo de oportunidade e aprendizado, crescimento e libertação. Sem autoamor e respeito aos semelhantes, vamos repetir a velha cena do Evangelho para saber quem é o maior.

> "Não procureis, pois, na Terra, os primeiros lugares, nem vos colocar acima dos outros, se não quiserdes ser obrigados a descer. Buscai, ao contrário, o lugar mais humilde e mais modesto, porquanto Deus saberá dar-vos um mais elevado no céu, se o merecerdes."

Por que essa compulsão em ser o primeiro em uma obra que não nos pertence?

Na Obra de nosso Mestre há tarefas e lugares para todos. "(...) Deus saberá dar-vos um mais elevado no céu, se o merecerdes."

Tarefas maiores, à luz da mensagem do Cristo, não significam prerrogativas para adoção de privilégios ou garantia de autoridade. A expressividade da responsabilidade na Obra do Cristo obedece a dois fatores: necessidade de remissão perante a consciência e merecimento adquirido pela preparação. Em ambas as situações predomina uma só receita para o aproveitamento da oportunidade: esforço, sacrifício, renúncia e humildade.

Ermance Dufaux

Sobre os ombros daqueles que realçam e brilham no movimento doutrinário pesam severos compromissos interiores perante suas consciências. Compromissos que, certamente, não daríamos conta por agora. Portanto, repensemos nosso foco sobre quantos estejam assoberbados com tarefas de realce, analisando seus caminhos como espinhosa senda corretiva, repleta de desafios e inquietantes angústias da alma.

Quem se impressiona com o brilho de suas ações se surpreenderia ao conhecer a intensidade dos incômodos e cobranças íntimas que lhos absorvem a consciência ante a grandeza de suas realizações. Ninguém imagina a natureza das tormentas que experimentam os corações sinceros para aprenderem a lidar com o assédio das multidões, atribuindo-lhes virtudes ou qualidades que eles sabem ainda não possuírem. Quanta angústia verte entre o aplauso de fora e as lutas a vencer na sua intimidade.

Não existem pessoas mais ou menos valiosas no serviço de implantação do bem na Terra. Existem resultados mais abrangentes e expressivos que outros, no entanto, não conferem privilégios ou são sinônimos de sossego interior aos seus autores. Existem inúmeros trabalhadores da Doutrina que exercem excelente atuação com invejável rendimento e sentem-se de alma oprimida. Realizam a preço de sacrifícios hercúleos. Outros tantos, com menor expressividade na sua produtividade espiritual, alcançam níveis incomuns de alegria e bem-estar com a vida. Ainda existem aqueles que muito realizam e experimentam uma sensação de grandeza e importância pessoal.

A obra é importante. Nossa participação, por mais significativa, é como destaca Constantitno, Espírito Protetor:

"Bons espíritas, meus bem-amados, sois todos obreiros da última hora."[3]

Uma das mais graves angústias dos espíritas internados no Hospital Esperança é a revolta que nutrem contra si mesmos quando conscientizam não serem tão essenciais e importantes quanto supunham no plano físico. Vários se entorpeceram com os efeitos sutis e envernizados da arrogância, acreditando-se indispensáveis, missionários e credores de vantagens em razão das realizações espirituais. Acalentaram expectativas fantasiosas com o desencarne e tombaram na enfermidade do personalismo. Quase sempre, constituem pesado ônus na rotina do Hospital, pois, mesmo aqui, ainda continuam suas disputas inglórias e exigências descabidas com base em suas supostas credenciais de elevação moral, obrigando-nos, algumas vezes, a tomar medidas austeras para tratar-lhes a insolência viciada...

Por mais nobre seja a tarefa a nós entregue na seara, recordemos: os méritos devem ser transferidos para a causa de nosso Mestre. Lutamos todos pela causa do amor e da humanidade redimida.

Deveremos periodicamente nos perguntar: que tenho feito dos bens celestes a mim confiados? Cargos, mediunidade, recursos financeiros, influência pelo verbo, a arte de escrever, o talento de administrar, a força física, a saúde, a inteligência, enfim todos os bens com os quais podemos enriquecer nossa caminhada de espiritualização. Estarei os utilizando para o crescimento pessoal e de outros? Consigo perceber minha melhora no uso desses recursos?

---

[3] *O evangelho segundo o espiritismo* – capítulo 20 – item 2

A diluição dos efeitos da arrogância em nós depende dessa atitude honesta em lidar com os sentimentos que orbitam na esfera desse reflexo cristalizado no campo mental.

Essa honestidade emocional inicia-se com as perguntas: por que estou sentindo o que estou sentindo? Qual o nome desse sentimento? Qual mensagem meu coração está me indicando? Estarei disputando com alguém nas atividades? O que penso sobre meu semelhante será realmente a verdade? Por qual razão alguém me causa o sentimento de inveja? Por que me sinto diminuído perante uma determinada criatura?

A outra faceta da arrogância é a baixa autoestima. O desgaste das forças íntimas ao longo desse trajeto de ilusões na supervalorização de si trouxe como efeito o vazio existencial. Após o esbanjamento da Herança Sagrada, o Filho Pródigo da passagem evangélica assevera: "Pai, pequei contra o céu e perante ti; Já não sou digno de ser chamado teu filho; faze-me como um dos teus trabalhadores."[4]

O sentimento de indignidade é o reverso da arrogância. O complexo de inferioridade é a resultante dos desvios clamorosos nesta longa caminhada evolutiva.

Por essa razão aprender o autoamor é fundamental.

"A educação, convenientemente entendida, constitui a chave do progresso moral. Quando se conhecer a arte de manejar os caracteres, como se conhece a de manejar as inteligências, conseguir-se-á corrigi-los, do mesmo modo que se aprumam plantas novas.

---

[4] Lucas 15:19

Essa arte, porém, exige muito tato, muita experiência e profunda observação."[5]

Que nossos apontamentos sobre a arrogância sejam apenas o estímulo inicial para a continuidade dos estudos em torno do tema. A complexidade desse sentimento em nossas vidas merece uma investigação mais detalhada que fugiria à nossa tarefa desta hora.

Como mensagem inspiradora para o nosso futuro ante a batalha ingente a ser travada contra nosso egoísmo destruidor, recolhamos nossas meditações na fala do Espírito Verdade:

"Os homens, quando se houverem despojado do egoísmo que os domina, viverão como irmãos, sem se fazerem mal algum, auxiliando-se reciprocamente, impelidos pelo sentimento mútuo da solidariedade. Então, o forte será o amparo e não o opressor do fraco e não mais serão vistos homens a quem falte o indispensável, porque todos praticarão a lei de justiça. Esse o reinado do bem, que os Espíritos estão incumbidos de preparar."[6]

---

[5] *O livro dos espíritos* – questão 917
[6] *O livro dos espíritos* – questão 916

Capítulo 10

Sombra Amigável

"Pois nada há secreto que não haja de ser descoberto,
nem nada oculto que não haja de ser conhecido e de
aparecer publicamente. (Lucas 8:16 e 17)

O evangelho segundo o espiritismo – capítulo 24 – item 2

A sombra designa o outro lado do ser humano, aquele em que vige a escuridão.

Comumente destacamos a sombra negativa nos ambientes educativos da doutrina. Convém, porém, uma atenção à sombra positiva, que são nossos potenciais e talentos ainda não expressados ou descobertos. Em meio a essa escuridão da vida inconsciente existe muita sabedoria e riqueza ainda não exploradas.

Escutando nossos sentimentos e o que eles têm a nos ensinar sobre nós mesmos, estaremos entrando em contato com esse material reprimido no inconsciente, com todas as habilidades instintivas que nos asseguram a Herança Inalienável de Filhos do Altíssimo em Sua Obra magnânima.

Escutar sentimentos é aceitá-los. Aceitação quer dizer pensar sobre eles. Habitualmente registramos a colocação: "não quero nem pensar nisso!", referindo-nos a questões desagradáveis do mundo íntimo. Os sentimentos são os principais canais de conexão emitindo constantes mensagens do inconsciente.

Quando usamos a expressão sentimentos mal resolvidos, estamos tratando de sentimentos não aceitos ou negados pela consciência e reprimidos para o inconsciente por alguma razão particular. A sombra originou-se basicamente em função dessa relação insatisfatória com nosso poder de sentir e os arquivou em forma de culpas, desejos estagnados, bloqueios, traumas, medos, criando todo um complexo psíquico que, em muitos lances, são fatores geradores das psicopatologias, desde as mais toleráveis até às mais severas.

Ao longo dos últimos milênios (aproximadamente quarenta mil anos, dependendo da história individual), o que mais fizemos foi negar e temer nossos sentimentos – um fato natural na trajetória evolutiva da animalidade para a hominalidade. O medo de sentir e do que sentimos acompanha-nos desde o momento em que começamos a tomar consciência desse mecanismo bio-psíquico-emocional-espiritual. Ainda hoje, esconder o que se sente, é uma conduta social comum e até necessária para a maioria das pessoas.

O mundo, no entanto, prepara-se para o século do amor vivido e sentido. A pergunta mais formulada em todas as latitudes neste momento é: como está você? E o interesse por uma resposta que fale de sentimentos é eminente; tende a tornar-se um hábito. Estamos com enorme necessidade de falar do que sentimos e saber com mais clareza sobre o mundo das emoções, embora ainda temerosos de suas consequências.

Quando digo: "sou minha sombra", não significa que eu tenha de viver conforme a sua orientação, mas, sim, admiti-la, entender suas mensagens.

Ermance Dufaux

A sombra só é ameaça quando não é reconhecida. Só pode ser prejudicial quando negligenciamos identificá-la com atenção, respeito e afabilidade.

> "É importante para a meta da individuação, isto é, da realização do si-mesmo, que o indivíduo aprenda a distinguir entre o que parece ser para si mesmo e o que é para os outros. É igualmente necessário que conscientize seu invisível sistema de relações com o inconsciente, ou seja, com anima, a fim de poder diferenciar-se dela. No entanto, é impossível que alguém se diferencie de algo que não conheça."[1]

Essa colocação do doutor Jung é clara. Escutar sentimentos é a primeira lição na nossa educação espiritual para o autoamor. Amaremos a nós mesmos somente quando deixarmos de culpar os outros pelas nossas dores e desacertos e tivermos a coragem de perscrutar o íntimo, interrompendo o fluxo das projeções e fugas ainda ignoradas nas nossas atitudes.

Recebemos contínuos chamados do inconsciente através do que sentimos. Uma análise atenta de nossos impulsos emotivos e da nossa reação afetiva a tudo que nos cerca levar-nos-á a entender com exatidão as reclamações do psiquismo profundo. Nessa investigação da alma encontraremos indicativas seguras no entendimento das mais ocultas raízes de nossos conflitos. Percorreremos caminhos mentais até então desconhecidos. Igualmente, descobriremos valores adormecidos que solicitam nossa criatividade para desenvolvê-los a contento.

---

[1] The Collected Works of CG Jung (CW) – 17 Vol. VII par. 28

Entretanto, somente daremos importância às mensagens da sombra quando nos relacionarmos amigavelmente com ela. O processo de ouvir a voz do inconsciente através dos sentimentos passa por algumas etapas na alfabetização do sentir:

- Imprescindível o autorrespeito. O que sentimos é indiscutível, individual, é a nossa forma de viver a vida. Com isso não devemos admitir que os apelos do coração devam ser seguidos como brotam. Muito menos supô-los a expressão da Verdade. Apenas tenhamos respeito por nós sem reprimendas e condenações, procurando compreender os recados do coração.

- Havendo respeito, instaura-se o clima da serenidade, da ausência de conflitos e batalhas interiores. Somente serenos vamos conseguir uma comunicação sem interferências. É o silencio interior. O fio que nos leva ao intercâmbio produtivo.

- Aprender a linguagem dos sentimentos exige meditação, atenção. Separar a imagem programada pela educação social da imagem idealizada é um trabalho lento. Diferenciar o que pensam que sou daquilo que penso que sou é o caminho para se chegar ao que sou verdadeiramente.

- Utilizar indagações. A sombra adora dar respostas. Nossa tarefa será discernir no tempo a natureza dessas respostas. No início elas serão confusas, enganosas, talvez decepcionantes.

Na medida que se dilata esse exercício, a intuição vai aclarando a capacidade de perceber e sentir o que nos convém. Teremos a sensação do melhor caminho, das melhores escolhas, do que queremos. É o início da identificação com o projeto singular do Criador a nosso respeito.

O doutor Jung estipulou: "As pessoas, quando educadas para enxergarem claramente o lado sombrio de sua própria natureza, aprendem ao mesmo tempo a compreender e amar seus semelhantes."[2]

Ao conquistarmos a sombra de maneira amigável, criaremos uma relação de paz com a vida íntima e, nesse ponto, as projeções não serão mecanismos defensivos contra nossas imperfeições, mas reflexos da bondade e harmonia que habitarão a vida mental. Nessa postura mental amaremos a vida com mais ardor. Será muito mais interessante olhar o nosso próximo, sentí-lo e perceber a grandeza da vida que nos cerca.

A Lei Divina contida na fala de Jesus é determinante: "Pois nada há secreto que não haja de ser descoberto".

O crescimento pessoal e a felicidade incluem a missão de explorar as riquezas do inconsciente.

Escutar sentimentos é a arte de mergulhar na vida profunda e descobrir o manancial de força e beleza que possuímos.

***

Amigo querido das lides espiritistas,

Nos instantes de tormenta ocasionados pelos efeitos de tuas imperfeições, busca Deus na oração e escute sua alma.

Ouça os avisos suaves que ela lhe envia. Não os julgue ainda.

---

[2] The Collected Works of CG Jung (CW) – 16 Vol VII par 310

Indaga-se: que fazer ante os impulsos menos felizes? Como agir para mudar?

Ouça! Ouça a resposta em você mesmo! Escute os seus sentimentos!

Ore novamente, aquiete os raciocínios e escute os "sons" dos sentimentos nobres que lhe arrimam.

Agora você está em estado alterado de consciência. Sua sombra avizinha. Seu *self* permanece em vigília. Tonifique-se com as energias revigorantes.

Agora agradeça o dom da vida... O corpo... A beleza de pertencer a si mesmo.

A presente existência é a sua oportunidade. É a sua ocasião de libertar. Recomece quantas vezes se fizerem necessárias. Perdoe-se pelos insucessos.

Recorde as muitas vitórias e preencha-se com o labor.

Algumas respostas para serem compreendidas solicitam o concurso do tempo.

Prossiga sem ilusões de conforto. Deseje o sossego interior e acredite merecê-lo, mas não o confunda com facilidades transitórias.

Seus sentimentos: a realidade de sua posição espiritual. Por eles você sabe de seu valor e de suas necessidades.

Não se agrida quando sentir o que não gostaria.

Ame-se ainda mais nesses momentos. Aceite-se.

Diga: "Eu aceito minha imperfeição." "Senti-la não quer dizer que eu seja menor." "Eu aceito minhas particularidades." "Eu me amo como sou e não me abandonarei porque somente eu posso me resgatar".

Agora vai cumprir o seu dever – esse sublime analgésico mental.

Em outro instante, fora da tormenta mental, medite sobre aquilo que lhe incomodou.

Medite sempre sobre suas imperfeições e Seu Pai, secretamente, na acústica do ser, providenciará os recursos abundantes para a sua cura.

Deus jamais esquece de você. Acredite nisso e sinta o amparo em seu favor. O universo está a seu favor. Acredite!

Capítulo 11

Uma Leitura para o Coração

"Sou o grande médico das almas e venho trazer-vos o remédio que vos há de curar. Os fracos, os sofredores e os enfermos são os meus filhos prediletos." O Espírito de Verdade. (Bordéus, 1861.)

O evangelho segundo o espiritismo – capítulo 6 – item 7

Afastemo-nos um pouco das reflexões mais densas e façamos uma pausa para meditação.

Vamos dilatar nossa sensibilidade e ler com o sentimento as anotações a seguir. Depois, ouça os recados do seu coração.

***

A Doutrina Espírita é a medicação recuperativa das nossas vidas. Sua "substância ativa" é o Evangelho. Sua "bula" é estritamente individual. Para cada um haverá uma dosagem e forma de aplicação.

O movimento espírita é a nossa enfermaria abençoada onde encontramo-nos internados na busca de nossa alta médica.

Tarefa e estudo, provas e oportunidades são terapêuticas necessárias na solução de nossas enfermidades.

Perante esse quadro de experiências da nossa trajetória de aprendizado, listamos algumas prescrições indispensáveis para a cura:

- Onde se reúnem doentes, torna-se dispensável realçar imperfeições e deslizes, pois todos sabemos de nossa condição, portanto, falemos de saúde e aproveitamento.

- Esqueçamos as vivências dolorosas e examinemos as conquistas. Indague: em que melhorei? O que aprendi?

- Somos doentes graves, mas temos o melhor médico, Jesus.

- Perdoemos incondicionalmente o companheiro de enfermaria. Ele também é alguém em busca de si mesmo.

- Trazemos na intimidade todos os antídotos para nossas imperfeições. Resta-nos descobri-los.

- De fato, alguns doentes esquecem suas necessidades. O melhor a fazer para auxiliá-los é a oração.

- Alguns enfermos carecem de tratamentos específicos. Por não entendermos tais medidas, evitemos julgá-los.

- Uma única certeza: todos nós teremos alta médica e alcançaremos a saúde.

- As raras criaturas sadias foram chamadas a Postos Maiores e cuidam de nós.

- Uma pergunta diária: que farei pela minha recuperação?

- Uma atitude diária: doses elevadas de prece e trabalho.

- O caminho seguro para fortalecimento e alegria: a amizade sincera, leal e fraterna.

- O que nunca devemos esquecer: antes repudiávamos a ideia da internação. Hoje desejamos nos tratar.

- Esqueçamos a noção de tempo e sejamos gratos pela oportunidade de uma vaga nessa benfazeja enfermaria.

- Nos momentos de crise, evitemos projetar decepções e revolta nos outros ou reclamar do ambiente que nos acolheu para refazimento e orientação. Crises são indícios oportunos para exames e diagnósticos mais apurados sobre nossas dores.

- Saber que estamos enfermos não basta, é preciso sentir. Nossa cura virá do coração.

Recordemos a frase confortadora do Espírito Verdade: Os fracos, os sofredores e os enfermos são os meus filhos prediletos.

Agora vai e escuta os recados do teu coração e Deus te abençoe com paz íntima.

Capítulo 12

Santidade dos Médiuns

"Aquele que, médium, compreende a gravidade do mandato de que se acha investido, religiosamente o desempenha."

O evangelho segundo o espiritismo – capítulo 28 – item 9

As atividades no Sanatório Esperança prosseguiam intensas. Médiuns e doutrinadores, escritores e líderes da doutrina abarrotavam os leitos do pavilhão destinado aos misteres da recuperação mental. Dona Maria Modesto e Eurípedes Barsanulfo chegavam a passar dias sem um repasto momentâneo. A dor e as mais diversas expressões de insanidade procuravam-lhes rogando amor e misericórdia. O tempo era escasso para tantas necessidades. Chegando a noite, desprendidos pelo sono físico, engrossavam ainda mais as expressões de socorro e alívio. Diversos lidadores do Espiritismo suplicavam respostas e orientação. Muita vez faltava energia suficiente ao labor, entretanto, tínhamos o coração rico e em plenitude ante tanto a fazer.

Acompanhando dona Modesta às enfermarias dos pavilhões inferiores, reservadas aos tratamentos mais demorados e graves, deparamos com Laura, valorosa tarefeira da mediunidade, recém-chegada ao Sanatório.

— Laura, minha amiga, Deus seja louvado com esperança!

— Assim seja! Com quem tenho a honra de falar?

— Nada de honra, Laura. Sou servidora desta casa. Meu nome é Maria Modesto Cravo, mas, pode me chamar de dona Modesta.

— A senhora é a amiga de que doutor Inácio havia me falado?

— Sou eu mesma.

— Então é de Uberaba?

— Fui? Não sou mais – e demos uma sonora gargalhada.

— É que às vezes me esqueço que já estou no "além". Ainda falo como se estivesse na Terra.

— Não poderia ser diferente, pois a adaptação requer tempo. Fale-me de você, Laura.

— Ah, dona Modesta! Não sei se estou bem! Aliás, acho mesmo que nunca estive bem! Se Deus permitir, nunca mais quero voltar como médium. É muito doloroso!

— Sei bem como é, minha filha! Também fui médium.

— É mesmo?! Então a senhora me entenderá. Só não sei se devo falar o que sinto e penso.

— É o que mais quero ouvir, amiga querida. Estou aqui para isso.

— Minhas lutas no lar foram muito árduas. Se não fui melhor médium é porque não contei com o apoio dos familiares. Eles não queriam nada com reforma, sabe como é?

— Sei.

Ermance Dufaux

— Meu marido... – quando se preparava para falar, foi interrompida por dona Modesta.

— Laura, esqueça a família por um instante. Vamos falar de você.

— Falar o que de mim, quando nada sei sobre mim?!

— Então já começou a dizer algo. Continue. Coloque o que sente para fora. Vou lhe ajudar – foram ministrados passes na região do lobo frontal e na parte mediana lateral esquerda da cabeça.

— Gostaria de saber por que cheguei aqui assim depois de tudo porque passei; o que saiu errado? Algo saiu errado, não saiu dona Modesta?

— O que sente, minha filha?

— Angústia. Muita angústia.

— Isso, fale, coloque para fora!

— Revolta.

— Com o quê?

— Não sei, dona Modesta! Não sei! – e caiu em choro convulsivo – me ajude, por favor, a saber, o que se passa comigo. É como pela vida inteira carregasse um fardo do qual nunca me livrei. Não sei o que é ser feliz. Trabalhei, trabalhei e... E agora? Que vai ser de mim? Parece que de nada adiantou ser espírita.

— Engano seu, Laura. Adiantou muito.

— Mas veja como me encontro. O que tenho? Esclareça-me, pelo amor de Deus!

— Seu drama é o mesmo de milhares de companheiros do ideal. Cabeça congestionada de informação, coração vazio de ideal.

— A senhora deve estar se divertindo comigo!

— Parece que estou, Laura? Olhe profundamente em meus olhos e veja o que sente – dona Modesta fixou-lhe o olhar, aguçando a sensibilidade da paciente.

— Não, acho que não está de brincadeira, mas não consigo aceitar o que a senhora diz.

— Pois aceite, porque essa é a sua verdade.

— Não chega estar neste leito? Nem sei com exatidão que hospital é este, e ainda vou ter que aceitar o que a senhora me diz? Acreditei com sinceridade que o trabalho espírita me daria luz. Foi só o que fiz.

— O trabalho espírita é luz em qualquer tempo, contudo, Laura, resta saber se a luz do trabalho iluminou igualmente o trabalhador.

— Estive por mais de quarenta anos ativamente na mediunidade.

— Laura, olhe os pacientes ao seu redor – havia uma longa fileira de leitos totalmente tomados – Veja! São todos servidores da doutrina em recuperação e reajuste depois da morte.

— Que nos faltou, dona Modesta?

— Uma palavra detestada por muitos que não compreendem seu sentido: sacrifício.

Ermance Dufaux

— Mais sacrifício do que eu fiz?

— Sua ficha não aponta nessa direção os seus esforços, minha filha.

— Então não sei de que sacrifício a senhora está falando.

— O sacrifício do amor além do dever. Muitos servidores bondosos, para não dizer a maioria, servem atrelados a condições. Respiram dentro dos limites a que se habituaram na comunidade doutrinária. Estipulam tempo e quantidade de conformidade com o padrão. Escudados na virtude da disciplina e acobertados com justificativas acerca do dever familiar e profissional, são incapazes de transpor barreiras imaginárias e servirem além da obrigação.

— Fui muito dedicada, dona Modesta.

— Reconheço.

— Isso não é sacrifício?

— Não. Sacrifício é usar conscientemente todo o tempo que temos em favor do erguimento do bem em nós. Sacrificar é dar do que nos pertence, esquecendo de nós. Somente quem vibra nas faixas do sacrifício espontâneo qualifica com amor aquilo que faz, porque sabe quanto lhe é exigido em favor das realizações nobres. E você, Laura, se enquadra nessa definição?

— Creio que não!

— Por quê?

— Porque sinto que podia fazer mais. Isso me revolta, dona Modesta, isso me revolta! Como me enganei assim meu

Deus! Agora tudo é tão claro! – e novamente afogou-se nas lágrimas em lamentável crise de tristeza.

— Calma, minha filha! Se acalme! O choro vai lhe fazer bem.

— Está fazendo mesmo, pois eu nem sei há quanto tempo não choro, ah, meu Deus! Eu sou um verme, porque não olhei para mim como agora! As lutas me insensibilizaram e acho que passei a vida em constante reclamação não externada, corroendo-me por dentro e, parece que quero me punir continuamente por algo que não me lembro, mas sei que fiz.

— E não teve com quem falar, não é?

— É, isso mesmo! Não sei nem se falaria com alguém. Logo eu, a médium do centro. Que pensariam de mim?

— Eis o problema! Muita ideia no cérebro, muita fantasia na imaginação e pouca luz no sentimento. Tarefa como a mediunidade, minha filha, requisita o calor da humildade no coração para derreter o gelo da autoimagem superdimensionada na cabeça. Afora isso, é muita loucura no pensamento e um carnaval de máscaras sobre si mesmo regado pelo licor embriagante da ilusão.

— Que será de mim, dona Modesta? Em nada me valeram os anos de serviço?

— Valeram muito, Laura. Para você ter noção sobre isso, terá de estudar com carinho a sua trajetória desde o retorno ao corpo até agora. Você concluirá que houve um enorme avanço.

— Avanço?! Sinto-me é falida. Não mereço nada. Nem sei por que estou sendo amparada. Apesar de falar por

Ermance Dufaux

brincadeira, sempre achei mesmo que iria para regiões bem complicadas depois da morte.

— Não existe falência, existem resultados. Em verdade, você não vai para regiões inferiores, você veio de lá. Eis o avanço.

— Vim mesmo?

— Veio. Quando tiver acesso aos seus dados, verá que enorme progresso você fez nestas quatro décadas como médium.

— Mas deveria estar melhor, não é mesmo?

— Laura, raríssimos chegam aqui como completistas, ou seja, aqueles que transpuseram a atração das folgas e das facilidades para servirem mais e mais; aqueles que conscientizaram pelo coração do quanto necessitavam respirar o clima do amor aplicado; aqueles que doaram e se doaram na leira em benefício da iluminação do mundo e de si mesmos, que realizaram muito por fora, mas que não se esqueceram de aprimorarem-se nos impulsos e nas tendências.

— Qual a minha posição espiritual, dona Modesta? Seja franca!

— Sua ficha diz que desses quarenta anos de serviço virtuoso na mediunidade, os primeiros dez foram repletos de entusiasmo, idealismo e cuidados íntimos. Os outros trinta...

— O que têm os outros trinta?

— Quer mesmo ouvir?

— Claro que quero, estou farta das minhas mentiras!

— Os outros trinta, passou por eles sem deixar que eles passassem por você. Viveu-os por obrigação cármica. Não os viveu para você como alma em aprendizado e crescimento, e sim como tarefa programada em resgate de faltas pretéritas. Com essa noção, elegeu a benção da mediunidade como pesado ônus do qual queria se livrar o quanto antes. Queixava-se por dentro, em muda lamentação, as renúncias que era obrigada a fazer. Não as fazia por amor e sim em razão do esclarecimento que amealhou. Congestionou a cabeça e não preencheu o vazio do coração. Obteve muita informação que não gerou a transformação. Luz na cabeça sem educação do sentimento. Agiu na caridade fazendo luz para os outros e não edificou em si mesma a conquista da luz própria. No fundo, como acontece a muitos de nós, bafejados pela confortadora doutrina, agiu por interesse pessoal. Serviu esperando vantagens de amparo e isenção de problemas.

— Acreditava estar fazendo tudo por amor.

— Raros de nós ocupam essa condição, minha filha. No entanto, melhor que já estejamos agindo no bem.

— Que drama o meu! Meu Deus! Revolto-me ainda mais. Isso é a pura verdade!...

— Se continuar revoltada, estará estendendo seu sofrimento. É hora de mudar, Laura.

— Como não revoltar, dona Modesta?!

— A revolta produz a autopunição a que você se referiu. É um mecanismo inconsciente da mente que cobra de si o que já sabe que pode fazer. Só há um caminho.

— Qual?

— Trabalhar mais, minha filha, e instaurar no coração o amor incondicional e sem limites.

— Terei instruções sobre como fazer isso?

— Se há algo que você, como muitos espíritas por aqui, não precisam mais é de instrução.

— Como vou aprender?

— Amando. Somente amando. Você será médium aqui na vida espiritual. Eurípedes autorizou-me a prepará-la para serviços socorristas futuros.

— Não acredito! Continuar médium!

— Gostaria?

— Não sei o que responder. Só sei que se aplacar meu sentimento de remorso e minha sede de ter um pouco de paz, farei o que me mandarem fazer.

— Isso não bastará, Laura. Você terá que aprender a amar o que faz para não cair novamente nas garras da orientação religiosa sem religiosidade.

— Conseguirei?

— Claro que sim. É só querer.

— Vou confiar na senhora.

— Confie no Cristo, minha filha, e na Sua Infinita Misericórdia que nunca nos faltará.

***

Aquele que, médium, compreende a gravidade do mandato de que se acha investido, religiosamente o desempenha.

Em outro trecho assevera a codificação Kardequiana: "A mediunidade é coisa santa, que deve ser praticada santamente, religiosamente".[1]

Mediunidade é o instrumento da vida para desenvolvimento da santidade. Santidade é esculpir no coração a sensibilidade elevada. Sensibilidade é a medicação reparadora para as almas que tombaram na descrença e na apatia perante o mundo, esquecendo-se de cooperar com o Pai na Obra da Criação.

Receber esse molde afetivo sem absorver-lhe as lições no campo dos sentimentos é recusar mais uma vez as medidas salvadoras do Mais Alto em favor da paz interior – esse tesouro a que todos nós, Os Filhos Pródigos da Criação, estamos a procura.

Os médiuns são "alunos-problema" na escola da vida matriculados em curso avançado e intensivo para recuperarem a aprendizagem relegada nos cursos anteriores. Sendo assim, devem guardar a noção do quanto lhes foi confiado pela Divina Providência, evitando as miragens da importância pessoal. Para seu próprio bem, devem pensar em si mesmos, como alunos tardios, aceitos na universidade da mediunidade na condição excepcional do último pedido de amor, antes de serem entregues à clava impiedosa da justiça expiatória.

---

[1] *O evangelho segundo o espiritismo* – capítulo 26 – item 10

Capítulo 13

Nossa Maior Defesa

"Quem dizem que eu sou? – Eles lhe responderam: Dizem uns que és João Batista; outros, que Elias; outros, que Jeremias, ou algum dos profetas."

O evangelho segundo o espiritismo – capítulo 4 – item 1

Eminentes cientistas consideram, sob a ótica materialista, que o fortalecimento do ego (ego estruturado) é a fonte da livre manifestação do homem na busca de seus reais objetivos. De fato, a criatura autônoma na perspectiva psicológica é dona de si mesma e reúne elementos para o alinhamento mental, que lhe permite fluir em suas metas.

Um ego estruturado, porém, pode levar-nos a estagiar nas experiências da arrogância, do personalismo, da autossuficiência e da ostentação – traços de egocentrismo. Muito ao contrário, quem se conecta com o *self* divino, capacita-se para gerenciar suas potências internas e adota a humildade como conduta, pois não sente necessidade de passar uma imagem, mas apenas ser. Tem consciência de sua real importância perante a vida. Nem mais, nem menos valor. Apenas o que realmente é; nada além, nem aquém.

Autonomia, portanto, à luz do espírito imortal, é a habilidade de gerir bons sentimentos em relação a nós mesmos sustentando crenças, atitudes e escolhas que correspondam ao legítimo valor pessoal. É a expressão do autoamor e o alicerce psicológico-emocional da maturidade.

É a capacidade de dilatar essa conexão com o *self* – fonte emissora das energias do amor.

A autonomia vem da capacidade de libertar-se dos padrões idealizados, assumindo sua realidade em busca do melhor possível. Libertar-se da correnteza da baixa autoestima proveniente do subconsciente.

A grande batalha pela autonomia não está em se libertar de pressões externas e sim das velhas programações mentais e gatilhos emocionais que nos escravizam aos processos de desamor e crueldade conosco. É uma mudança na forma de relacionar-se consigo próprio através do foco mental positivo.

Contra nossos nobres propósitos de iluminação, temos variados inimigos íntimos gestores de mensagens corrosivas da autoestima e da segurança. Somente aprendendo a nos amar, conseguiremos transformar esses clichês pessimistas em respeito, reflexão, autoavaliação e perdão.

A saúde mental surge quando nos livramos dessas estruturas internas opressoras que são impulsos, condicionamentos, complexos, tendências, clichês emocionais, clichês intelectuais, que constituem subpersonalidades ativas na nossa vida subconsciente.

Quando não reconhecemos nosso valor, vivemos à mercê dos estímulos-evolutivos, ou seja, pessoas, lugares, guias espirituais, cargos, instituições e filosofias que nos dizem quem somos e o que devemos fazer.

Somos todos interdependentes, precisamos uns dos outros, mas não a ponto de depositar em algo ou alguém a responsabilidade de nos fazer felizes ou determinar nossas escolhas. Ouviremos a todos e refletiremos sobre tudo que aconteça, tomando por divisa o compromisso da melhoria e do crescimento gradativo. Acima de tudo, porém, devemos guardar por guia infalível os sentimentos positivos, a consciência individual.

Os bons sentimentos são portadores de orientações do inconsciente para nosso destino particular. Quando os escutamos, tornamo-nos mais úteis a Deus, ao próximo e a nós próprios.

A atitude de autonomia pode ser sintetizada na frase: entrego-me a mim mesmo e respondo por mim. Seu princípio básico é: somente eu posso dizer o que quero e interpretar através dos meus sentimentos o que realmente necessito para crescer.

Allan Kardec, dotado de excelente senso psicológico, indagou aos Luminares Guias da Verdade:

"A obrigação de respeitar os direitos alheios tira ao homem o de pertencer-se a si mesmo?"

"De modo algum, porquanto este é um direito que lhe vem da Natureza."[1]

Pertencer-se a si mesmo é adquirir gerência sobre o repositório da vida interior. Ter domínio de si próprio. Responder por si perante o Criador.

A convivência humana na Terra é caracterizada por processos emocionais e psicológicos que, frequentemente, nos afastam da Lei de Liberdade. Raríssimas criaturas escapam da submissão e da dependência em matéria de

---

[1] *O livro dos espíritos* – questão 827

relacionamentos. Sentimentos estruturados no processo evolutivo do egoísmo ainda nos atam aos enfermiços contágios da ilusão de galgar o progresso através do outro, delegando o direito natural de pertencer a si mesmo. Com essa atitude, atolamos no apego a pessoas e bens passageiros como únicas referências de bem-estar e equilíbrio, navegando no mar da existência como descuidados viajantes ao sabor dos fatos externos, sem posse do timão dos fenômenos internos da alma.

Fomos treinados para ter medo de pensar bem sobre nós ou sobre a capacidade de gerenciar nossos caminhos evolutivos. Fomos treinados para atender a expectativas. Até mesmo em nossos grupos de amor cristão, com assídua frequência, é enaltecida a dependência e, algumas vezes, até a submissão.

A pior consequência da falta de autonomia é medir o valor pessoal pela avaliação que as pessoas fazem de nós. Por medo de rejeição, em muitas situações, agimos contra os sentimentos apenas para agradar e sentir-se incluído, aceito. Quem se define pelo outro, necessariamente tombará em conflitos e decepções, mágoas e agastamentos.

Autonomia é a maior defesa da alma porque estabelece limites, produz a serenidade, dilata a autoconfiança e coloca-nos em contato com nossas aspirações superiores.

Em algumas ocasiões, a conquista da autogerência requer a solidão e o recomeço. Às vezes precisamos de muita coragem para abandonar estruturas que construímos durante a vida e seguir os sinais que nos indicam novos caminhos. Nessa fase, seremos convocados a responder a algumas indagações originadas do medo. Conseguirei responder pelo

Ermance Dufaux

meu futuro? Estarei dando passos seguros para meu melhoramento? Estarei fazendo escolhas por necessidade ou teimosia? Estarei fugindo de meu projeto reencarnatório?

Esse medo surge porque gostaríamos de contar apenas com o êxito em nossas escolhas. Adoramos respostas e soluções imediatas, prontas para usarmos. Uma leitura, uma opinião, uma mensagem mediúnica, não ter riscos, não ter que ser criticados pelos caminhos que optamos. Esse medo ainda reflete a dependência. Nessa hora, teremos que escutar nossos sentimentos e seguir. Ouvi-los não quer dizer escolher o certo, mas optar pelo caminho particular em busca da experiência sentida e conquistada dentro de sua realidade.

Esse é o preço que pagamos para descobrirmos quem somos verdadeiramente. Libertar-se do ego é um parto psicológico. A sensação de insegurança é eminente. Todavia, quando a alma é chamada a semelhante experiência no relógio da evolução, a vida mental compensa essa sensação com emoções enobrecedoras que descortinam percepções ampliadas acerca das intenções mais subjetivas do Ser. É com base na intenção que o Espírito assegura seu equilíbrio e suas escolhas no vasto aprendizado da eternidade.

Essa liberdade psíquica e emocional da alma é o resultado inevitável de algumas vivências da criatura em seu percurso evolutivo. Para alguns é a maior conquista de uma reencarnação inteira. Para outros, que já a desenvolveram com maior amplitude em outras existências, será a base para o cumprimento de exigentes missões coletivas. Podemos enumerar em quatro as principais vivências que conduzem à autonomia:

1. **Autoestima** – é o aprendizado do valor pessoal. Quem se ama sabe sua real importância.

2. **Resistência emocional** – é a capacidade de suportar os próprios sentimentos, que muitas vezes levam-nos às crises e opressões em razão da bagagem da alma. Atravessar dores amadurece.

3. **Saber o que se quer** – somente fazendo escolhas, descobrimos nossas aspirações. Algumas dessas escolhas incluem a corajosa decisão de romper com velhas muletas mentais.

4. **Escutar os sentimentos** – nos sentimentos está o mapa de nosso Plano Divino. Aprender a ouví-los sem os ruídos da ilusão será a nossa sintonia com o Deus Interno.

Quem adquire autonomia fica bem consigo, torna-se ótima companhia para si e passa a buscar, automaticamente, com mais intensidade, o próximo e o trabalho.

"As pessoas, quando educadas para enxergar claramente o lado sombrio de sua própria natureza, aprendem ao mesmo tempo a compreender e amar seus semelhantes."[2]

A ausência da autonomia pode levar-nos à condição de mendigos de amor ou vítimas do destino. Considerando-a como gestora da almejada condição de sentir-se bem perante a existência, na sua falta o ser humano debate-se em flagelos morais lamentáveis que o escravizam a condutas autodestrutivas, tais como conflitos crônicos, mágoas permanentes, baixa tolerância a frustrações, projeções psicológicas nos outros, vergonha de si.

---

[2] The Collected Works of CG Jung (CW) – 17 Vol. VII par. 28

O eminente doutor Frederick Perls, criador da terapia Gestalt nos diz: "Eu faço as minhas vontades e você faz as suas. Eu não estou neste mundo para viver de acordo com as suas expectativas, e você não está neste mundo para viver de acordo com as minhas. Eu sou eu e você é você. Se um dia nos encontrarmos, vai ser lindo! Se não, nada há de se fazer."[3]

Jesus, a título de aferir a visão alheia, indagou: Quem dizem que eu sou?

Imperioso saber quem somos, pois, do contrário, seremos quem querem que sejamos.

Em outra ocasião, o Divino Tutor de nossos destinos asseverou: "Pois que aproveita ao homem ganhar o mundo inteiro, se perder a sua alma? Ou que dará o homem em recompensa da sua alma?"[4]

A colocação de Jesus é rica de clareza acerca da autonomia como sendo nossa maior defesa na rota de ascensão.

***

Amiga(o) de caminhada,

Não confunda autonomia com recursos oferecidos a você pela Divina Providência.

Autonomia é estágio de um processo deflagrado por nós mesmos. Em verdade, um efeito de nossa perseverança na longa e exaustiva viagem da interiorização.

---

[3] Gestalt-Terapia Explicada - Frederick Perls - 1969
[4] Mateus 16:26

Peça a Deus para dilatar seu discernimento a fim de usá-lo afinado com os propósitos do bem, entretanto, felicite a si mesmo(a) lográ-la, porque é conquista individual, inalienável e intransferível.

De nossa parte, se algo fizemos para você chegar até este ponto evolutivo, foi, tão somente, lembrar-lhe sempre que todos merecemos ser felizes.

Capítulo 14

Cisão de Reino [1]

"Os Espíritos em expiação, se nos podemos exprimir dessa forma, são exóticos, na Terra; já tiveram noutros mundos, donde foram excluídos em consequência da sua obstinação no mal e por se haverem constituído, em tais mundos, causa de perturbação para os bons."

O evangelho segundo o espiritismo – capítulo 3 – item 14

---

[1] Para melhor compreensão desse texto, sugerimos a leitura do epílogo "Em que Ponto da Evolução nos Encontramos?" , na obra *Reforma íntima sem martírio*, por serem, ambos, estudos complementares. (N.A.)

A presença do instrutor Calderaro infundia-nos raro sentimento de responsabilidade e aproveitamento. Embora a demanda de trabalho daquela hora não comportasse muitas divagações filosóficas, ainda assim, ouviríamos a palavra lúcida do mensageiro do amor por alguns instantes.

Passavam das duas horas em plena madrugada na Terra. Os últimos preparativos estavam sendo tomados para a incursão em regiões de pavor e luta na erraticidade. O portal de saída do Hospital Esperança, onde nos reuníamos para o mister, encontrava-se como ativo dispensário de bênçãos através de variados trabalhos.

Chegava o momento de seguirmos para o exterior do Hospital. Dez irmãos que serviram à causa espírita integravam a equipe na condição de discípulos dos serviços socorristas. Dilatavam seus horizontes sobre os pátios de dor com os quais se corresponderam durante a vida física, na condição de dirigentes de sessões mediúnicas.

Calderaro nos levaria aos pântanos da sofreguidão no intuito de resgatar "lírios do Evangelho" perdidos na noite escura da amargura. Eram almas que tombaram sob o peso das responsabilidades com a mensagem do Cristo no transcorrer dos evos.

Após comovente prece, manifestou o instrutor:

— O Espírito, em sua peregrinação evolutiva, desenvolveu mecanismos de mutação para o egoísmo. O instinto de posse é um dos alicerces de incontáveis manifestações da nossa doença de egocentrismo. Da necessidade instintiva de se conservar, derivou um complexo sistema de cautela, que promoveu o medo como defesa natural às iniciativas de acumular e possuir. Com o medo as engrenagens da vida mental dinamizaram grades psíquicas de segurança com as quais o homem procurava defender-se do receio da rejeição, do abandono e da perda. Consumando tais celas psicológicas, a criatura se desumanizou através da atitude de crueldade, dizimando quantas fossem as ameaças à sua tranquilidade. Apesar de toda essa movimentação, ninguém em tempo algum conseguiu burlar as Leis da Natureza. Submissos a ela, mas sem consciência de seus efeitos, o ser humano, em tempo algum, logrou anular em seu coração os dilacerantes e constrangedores sentimentos de vulnerabilidade, falibilidade e abandono. Sistemas de defesa do ego aglutinaram-se em potente reunião de forças para a negação e nessa luta interior em milênios de fuga, surgiu a exaustão da alma, muito bem assinalada na rota evolutiva do Filho Pródigo, quando diz: E, havendo ele gastado tudo, houve

Ermance Dufaux

naquela terra uma grande fome, e começou a padecer necessidades.[1]

Solicitado a olhar para as suas necessidades, o Filho Pródigo, que representa a história evolutiva de todos nós, guindados aos campos de aprendizado da Terra, sentiu os efeitos deletérios do esbanjamento da Herança Paternal. Trazia em si próprio, assim como cada um de nós, o enraizado complexo de inferioridade – expressão de um sistema afetivo aos frangalhos. A passagem assinala: "Pai, pequei contra o céu e perante ti; já não sou digno de ser chamado teu filho; faze-me como um dos teus trabalhadores."[2]

O quadro de insatisfação íntima é o cansaço dessa longa trajetória de desditas. O cansaço de viver é uma sequela inevitável dessa longa noite de ilusões. A rejeição, o abandono e a perda tão temida em relação aos supostos opositores da caminhada passaram a ser consumidos pela mente como um procedimento natural com nós mesmos. São as feridas evolutivas do Ser rejeitando nossa condição íntima, abandonando nossos autênticos sentimentos e perdendo o contato com a vida abundante. Consolidaram-se o desamor e a autocrueldade, expressadas através da punição inconsciente, do sentimento de culpa e do vazio existencial. Tais pisos psicológicos configuram a loucura contida em níveis diversificados de depressão e ruína mental.

Reencarnações repetitivas e pouco frutíferas marcaram a sinuosa senda das vidas terrenas. No entanto, no

---

[1] Lucas 15:14
[2] Lucas 15:19

intervalo entre as sucessivas vivências corporais, a criatura experimenta infinitas lições que, inevitavelmente, influenciam seu psiquismo no regresso à matéria. O homem terreno jamais compreenderá os transtornos e tormentas da vida mental sem debruçar-se sobre a natureza dessas ocorrências.

Visitaremos hoje as adjacências de um dos mais antigos vales da maldade hierarquizada na Terra, o Vale do Poder. A exemplo das cidades no orbe, esse pátio de dor e perversidade tem seu núcleo central com imponente estrutura urbanística. Em sua periferia, entretanto, encontram-se os lixões, termo empregado pelos mandantes da região. São antros de dor que se organizam no aproveitamento das escórias – como são conhecidos os ex-assalariados da organização que não apresentam as qualidades desejáveis aos intentos tenebrosos. Ali se estruturam os gavetões, calabouços, lagos de enxofre, câmaras de viciados e outros variados locais que demonstram a dificuldade do Espírito em consumar sua humanização.

Estudos Maiores feitos pelos Condutores Planetários denominam essa situação de regressão ou involução como cisão de reino, o desejo do Espírito em não assumir sua condição excelsa de homem lúcido e consciente perante o universo. Condição essa bem delineada na passagem evangélica em estudo quando assevera: "E desejava encher o seu estômago com as bolotas que os porcos comiam, e ninguém lhe dava nada."[3]

---

[3]   Lucas 15:16

Ermance Dufaux

Fazendo uma breve pausa como se investigasse a alma dos trabalhadores que nos acompanhariam em serviço, Calderaro declinou:

— Os meus irmãos que ainda não conhecem tais locais de expiação poderão sentir, com intensidade energética, a natureza das emoções que pairam nessas psicosferas, razão pela qual o sentimento de unção deve nos guiar os passos. Ali a predominância vibratória da indignidade é determinante, tomando matizes variados conforme os dramas consienciais. Vamos aos gavetões, um autêntico depósito de almas tombadas no remorso e na culpa. São chamados vibriões.

Esse lugar é uma referência inegável que ilustra a questão 973 em *O livro dos espíritos*, formulada por Allan Kardec aos Sábios da Imortalidade:

"Quais os sofrimentos maiores a que os Espíritos maus se veem sujeitos?

Não há descrição possível das torturas morais que constituem a punição de certos crimes. Mesmo o que as sofre teria dificuldade em vos dar delas uma ideia. Indubitavelmente, porém, a mais horrível consiste em pensarem que estão condenados sem remissão."

Condenados sem remissão é a condição espiritual que conduziu tais corações ao lamaçal da derrocada interior. Ao terem de assumir a sensação dolorosa de vulnerabilidade, optam pela fuga, pela regressão a patamares de imaginária proteção e segurança nos quais hibernam psiquicamente, uma cisão de reinos.

Vamos buscar um desses vibriões. Um filiado à maldade organizada há mais de um milênio, agora foi deportado aos lixões, exaurido após o esbanjamento psíquico, em consumada segunda-morte. Sua condição é descrita em Lucas: E, tornando em si, disse: Quantos trabalhadores de meu pai têm abundância de pão, e eu aqui pereço de fome![4]

---

[4] Lucas 15:17

Capítulo 15

Cisão de Reino II

"Os Espíritos sofredores reclamam preces e estas lhes são proveitosas, porque, verificando que há quem neles pense, menos abandonados se sentem, menos infelizes. Entretanto, a prece tem sobre eles ação mais direta: reanima-os, incute-lhes o desejo de se elevarem pelo arrependimento e pela reparação e, possivelmente, desvia-lhes do mal o pensamento."

O evangelho segundo o espiritismo – capítulo 27 – item 18

Após a prédica do instrutor Calderaro, atravessamos os portais do Hospital Esperança em direção a zonas abissais da Terra. Em certa etapa do caminho, abstemos da volitação por ser impossível exercê-la na psicosfera densa. Transpomos níveis muito abaixo dos umbrais terrenos, com muita escuridão e frio. Era uma região pantanosa com lagos que se formavam em vários pontos do trajeto. Vislumbramos uma luminosidade artificial a distância. Era a Cidade do Poder.

Calderaro solicitou um instante e, utilizando seus poderes mentais, sondou o ambiente, enquanto todos nós que o acompanhávamos permanecemos no apoio vibratório e na vigilância. Os odores e sensações eram desconfortáveis pela natureza das energias reinantes. Após um instante, manifestou o benfeitor:

— Ajoelhemo-nos meus irmãos, e deixemos que os incômodos das sensações sejam recebidos na nossa alma com amor. Na Casa de meu Pai há muitas moradas! Aqui também é a Casa de Deus, que permite, aos Seus Filhos, a liberdade de se acomodarem conforme suas escolhas. Nutramo-nos de respeito e piedade para orarmos em conjunto.

Após a luz da oração feita por um dos integrantes, Calderaro solicitou-nos a armadura da coragem. O bando defensivo de irmão Ferreira, o "cangaceiro do Cristo", que estava aguardando-nos a chegada, veio em nossa direção orientando-nos sobre as condições locais.

Absteremos da narrativa sobre a operação socorrista por não harmonizar com o objetivo e o conjunto desta obra.

No retorno ao Hospital Esperança, após bem sucedido resgate, Calderaro reservou alguns minutos para as indagações dos dirigentes aprendizes sobre o que presenciaram.

— Esse estado perispiritual dos vibriões pode ser considerado uma segunda morte?

— Eles se encontram a caminho da ovoidização. A segunda-morte é o resultado de longas incursões da alma em atitudes mentais de rebeldia e incontinência nos sentimentos. Nosso irmão assistido semeou a arrogância durante séculos nos solos sagrados de sua mente. Agora, colhe os frutos da inclemência e da loucura de seu procedimento. Teceu no tempo as condições psíquicas para a cisão de reino. Desorganizou suas matrizes do molde mental, onde se encontram os alicerces do equilíbrio humano.

— Poderá renascer em corpo saudável?

— Raríssimos casos de vibriões apresentam condições para reencarnação imediata. A organização somática pode obedecer a fatores de ordem genética, caso haja vantagens motivacionais para o Espírito no seu aprendizado. Nenhuma Lei Natural, porém, permite intercessão junto ao dinamismo da vida mental, que retrata o conjunto de necessidades e conquistas da

Ermance Dufaux

alma. Até mesmo a Misericórdia Celeste, que dispõe de recursos benditos para usar o cérebro como uma comporta reguladora das dosagens de matéria enfermiça para o corpo, em determinado instante evolutivo não pode impedir os desajustes nas substâncias neurotransmissoras. Surgem psicopatologias variadas. A doença mental é o regime expiatório de última estância para almas que se rebelaram contra os Chamados Divinos no transcorrer de longo tempo. Dessa forma, encontramos inúmeros vibriões reencarnados em corpos saudáveis. Entretanto, não escapam das celas educativas da tormenta mental.

— Que tipos de doenças mentais?

— Desde o desconforto neurótico até as mais severas psicoses. Incluindo aquelas não classificadas oficialmente no Código Internacional das Doenças na sociedade terrestre. Há de se considerar que a base de tais provas da mente é o remorso. A noção clara que a alma adquire no intervalo das encarnações sobre a gravidade de sua situação espiritual.

— Então já reencarnam com remorso?

— Uma soma grandiosa de Espíritos reencarnados na Terra encontra-se sob a sanção do remorso adquirido antes do renascimento. Experimentam dores psicológicas de variada natureza. Os vibriões, quase sempre, carregam para a vida corporal trâmites dolorosos nas vivências da depressão, depois de exaustivas tentativas frustradas de reencarnação. Uma vez que partiriam para a desistência de querer viver até mesmo fora da matéria, alguns deles inclusive com dramas de autoextermínio físico, agora regressam em busca da recuperação desse Valor Natural – o dom de existir como criatura humana, de lutar e querer viver.

— Por essa razão estão imóveis, como se não tivessem vida?

— No fundo, optaram, evidentemente, sem consciência disso, pela regressão ao estágio do não pensar, do não ter que ser responsável. Não querem humanizar--se. Vivem, verdadeiramente, uma condição de saudade inconsciente da animalidade. Querem regredir. Tentam negar o que sentem, defendem-se do impulso doloroso da culpa e do instinto para o progresso. A isso denominamos cisão de reino. Para se alcançar esse patamar de enfermidade são necessários séculos de repetição e fuga.

— Mas não assevera a Codificação que o Espírito não retrograda na evolução?[1]

— Esse lance da evolução não significa retrocesso, mas uma tentativa de retrocesso. Jamais a alma deixará seu caminho natural de humanização depois de adquiridas as habilidades da razão. Na vida subjetiva do Ser, encontra-se depositada toda a sua trajetória na condição humana. Ninguém burla o Fatalismo Paternal.

— Então a questão dos sentimentos está na base dessa deformação perispiritual?

— Esse coração socorrido plasmou em séculos a sua desdita de agora. Depois de alguns fracassos no seu

---

1   *O livro dos espíritos* – questão 118

Ermance Dufaux

posto hierárquico naquele vale de perdição, iniciou uma derrocada psíquica acelerada que já se encontrava potencializada de longas eras. Preso em calabouços e castigado severamente, penetrou em faixas de ódio e revolta que deterioraram sua estrutura mental. O vulcão da tormenta íntima expeliu de uma só vez a matéria contida pelos mecanismos defensivos ao longo do trajeto na maldade empedernida. Verificando sua condição que animalizava, foi enxotado para esse lugar.

— Com que propósito?

— Alguns grupos diretivos do Vale do Poder desenvolveram técnicas de agressão ao bem, utilizando a psicosfera pestilencial de tais almas. Estudaram o estado vibratório desses Espíritos, e perceberam quão nocivas são suas auras, portadoras de uma irradiação espontânea em nível de ondas longas, de teor energético, acentuadamente, contagiante. Passaram então a utilizá-los para infestar psicosferas de certos ambientes terrenos, propícias à depressão e a todo o contingente de sentimentos na órbita da tristeza. Como a condição dos vibriões exige ausência de luz e baixa temperatura, as entidades da perversidade costumam implantá-los, no plano físico, envolvidos por aparelhagem adequada que os mantém nas condições de adaptação.

— Com quais finalidades são utilizadas tais técnicas de implantação?

— As mais diversas. Obsessões familiares, exploração do sentimento de indignidade, adoecimento em organizações. Alguns corações que desejam perturbar a vida de encarnados com cobranças pretéritas graves tornam-se assalariados do mal e em troca tem a seu dispor, por algum tempo, esse recurso de infelicitação. Certos serviços de magia contam com os vibriões. Onde quer que predominem a disputa, a arrogância explícita ou camuflada, o jogo do poder, caminhos percorridos por essas almas escravizadas, tornam-se pontos de sintonia para esse tipo de exploração. Núcleos políticos, empresariais, militares e religiosos têm sido alvo dessa tática perversa de entorpecimento e contágio. E muitas organizações do bem, inclusive casas espíritas, são atingidas por semelhante iniciativa, que lhes custam, muita vez, a sobrevida.

— Centros espíritas? Mas como pode? Não são protegidos?

— Qualquer organização humana, mesmo servindo ao bem espontâneo, está também sujeita às Leis Naturais. Os núcleos doutrinários do Espiritismo são ambientes de pessoas adoecidas em busca de amparo e orientação, tanto quanto nós mesmos. Portanto, lidam com situações gravíssimas e, ao prestarem sua assistência, em nome do amor, se sujeitam a desafiantes experiências no que tange aos interesses de grupos espirituais. Por essa razão, os trabalhadores do Cristo que conduzem as casas de amor devem se munir dos recursos do Evangelho no coração a fim de absorverem a proteção dos Servidores do Bem a que se fazem dignos. Nem sempre, porém, temos observado esse cuidado. Os próprios aprendizes trazem em si mesmos traços similares de tristeza e inconformação, revolta e rebeldia, decorrentes de ciclos emocionais de disputa arrogante e complexa. Traços pertinentes a todos nós na caminhada de ascensão e dos quais somente nos livraremos com educação. Não se surpreendam, pois, que muitos espíritas trilharam a vivência como vibriões e, hoje, buscam, a duras penas, a recomposição de si próprios perante a consciência.

— Por qual razão ocorrem os ataques com os vibriões se existe a proteção espiritual e as imperfeições são obstáculos naturais da caminhada?

— Por descuidarem dos sentimentos. Se analisarmos com mais cautela, o fenômeno da cisão de reinos tem proporções infinitas. De alguma forma, expressiva parcela da humanidade, se pudesse, faria uma tentativa de retrocesso. Todos temos, até certo estágio de crescimento, uma atração natural para o passado, para voltarmos ao que éramos. O homem do século 21 está sendo asfixiado psiquicamente pelo sentimento de baixa autoestima, agravado pelos padrões da mídia social. A ausência de autoamor tornou-se calamidade sócio-moral em quaisquer continentes e classes. Vivemos o instante de separação do joio e do trigo. É um momento de definição na Terra. Este é o século da sensibilidade, no qual o patrimônio dos sentimentos será o centro das cogitações da ciência e da religião, e base de sustentação de um mundo novo. Uma infinidade de almas, em ambas as esferas de vida, no corpo ou fora dele, padecem de crises existenciais que não conseguem resolver. A depressão é eminente nessas vivências, encurralando a alma nos despenhadeiros da apatia, da indiferença e da solidão. Esses sentimentos, quando prolongados em demasia, causam o desejo de parar, deixar de existir. Desistir e encerrar o processo evolutivo. Uma nítida sensação de fracasso, impotência e confusão assenhoreiam-se da mente em crises dolorosas.

— Mas há espíritas nessa condição?

— Os espíritas, assim como nós, não são seres especiais. São almas que procuram Jesus Cristo dentro daquela condição registrada pelo Mestre: "Os sãos não precisam de médicos, mas sim os doentes." Muitos espíritas que receberam a medicação excelsa da Doutrina são ex-vibriões que, sob regimes de inigualável misericórdia, conseguiram regressar ao corpo físico no intuito de reerguerem-se perante as penas conscienciais. Exaram o serviço e o bem como únicas sendas de reparação. São Espíritos de grande valor que tombaram nos despenhadeiros do domínio e na sede de poder. Almas que padecem de enorme aflição de melhora, todavia, sentem-se com grilhões na vida mental. Isso lhes dificulta, sobremaneira, a fluência do entendimento sobre suas amarguras interiores. Purgam, paulatinamente, em depressões controladas a matéria mental proveniente de suas construções enfermiças de outros tempos. Carregam sofridas feridas evolutivas no coração, quais sejam: abandono, solidão, falibilidade e inferioridade. Sentimentos esses que lhes fazem sentir inadequados perante a vida, indignos do amor alheio e de Deus. Colhem em si mesmas, o fruto amargo de suas escolhas pretéritas. Entretanto, são corações que resgataram a esperança. Experimentam na atividade do bem a sensação de Retorno a Deus. Sentem que podem recomeçar, mesmo sorvendo o cálice da indignidade. Estando no corpo, resguardam-se das perseguições mais severas e caminham, sob a tutela

Ermance Dufaux

de avalistas amoráveis, quais Eurípedes Barsanulfo, que lhes estendem assistência incondicional.

— Que fazer para auxiliar esses companheiros na carne como espíritas?

— Transformar os núcleos doutrinários em escolas de amor a Deus, de autoamor e amor ao próximo. Trabalhar os sentimentos nobres e promover os grupos espíritas a centros de estudos sobre si mesmo, colaborando com a melhor compreensão de nossas necessidades e sobre como desenvolver nossas aptidões ou educar nossas habilidades.

— E o que fazer pelos locais onde ainda jazem tantos irmãos nossos naquelas gavetas frias em pátios de escravidão?

— Orar até que Deus nos permita algo mais.

"Os Espíritos sofredores reclamam preces e estas lhes são proveitosas, porque, verificando que há quem neles pense, menos abandonados se sentem, menos infelizes. Entretanto, a prece tem sobre eles ação mais direta: reanima-os, incute-lhes o desejo de se elevarem pelo arrependimento e pela reparação e, possivelmente, desvia-lhes do mal o pensamento."

Existem grupos que vão todos os dias até aquele local, onde oramos, para fazerem preces coletivas pelos pântanos da maldade. Raios luminosos de compaixão e piedade chegam até os lixões, renovando esperanças e cooperando decisivamente na recomposição de nossos companheiros atormentados. O homem encarnado, igualmente, pode-se somar a esses esforços de humanismo com suas rogativas sinceras e promotoras de paz. Estejamos convictos quanto ao futuro. O Fatalismo Divino é a perfeição. Ainda que tramitando em pântanos de animalidade, o progresso faz luz sobre a escuridão e o homem avança, incontinenti. Se existe a cisão de reinos para a retaguarda, esse é o momento decisivo para efetivarmos nossa cisão com o mal, com o materialismo e caminhar em direção à humanização.

Capítulo 16

Meditação: Cuidando da Criança Interior

"Jesus, chamando a si um menino, o colocou no meio deles e respondeu: Digo-vos, em verdade, que, se não vos converterdes e tornardes quais crianças, não entrareis no reino dos céus."

O evangelho segundo o espiritismo – capítulo 7 – item 3

Na formação do homem novo, temos de fazer renas-cer a criança que deixamos no tempo... Escutar seus sentimentos.

Todos temos uma criança interior, um estado natural de pureza que as vivências milenares no egoísmo soterra-ram sob os escombros dos desatinos morais.

O Sábio Judeu ensina-nos que o reino de paz preten-dido por todos nós depende de recuperarmos essa condição psicológica, que ainda sobrevive em nossa intimidade amordaçada e ferida. "Se não vos conver-terdes e tornardes quais crianças, não entrareis no rei-no dos céus."

Por que teria Jesus colocado um menino em meio aos aprendizes para significar a maioridade? Que valores possuem as crianças que serviram de base para esse en-sinamento do Mestre?

A didática aplicada de Jesus é sublime advertência para nós todos que nos matriculamos nas lições do Consolador.

As crianças são fantásticas nas relações por não nutrirem expectativas na convivência, desobrigando-se de cobranças, ofensas, insatisfações e aborrecimentos.

Aceitar as pessoas como elas são e respeitar-lhes a caminhada é medida salutar de paz. Aceitar-se como se é sem condenações estéreis e críticas impiedosas é a base de uma vida saudável.

A parcela psíquica de pureza adormecida que trazemos na alma solicita tratamento para manifestar-se em sensações de bem-estar, desprendimento e amor.

Imperioso resgatar essa luz das emoções nobres. São instintos e sabedoria que dormitam na sombra interior. Vamos conhecê-los?

Inspirados no renomado poeta português, Fernando Pessoa, tomaremos emprestada a estrofe de um de seus mais belos poemas intitulado A Criança que Fui Chora na Estrada. Diz o poeta:

"A criança que fui chora na estrada.

Deixei-a ali quando vim ser quem sou;

Mas hoje, vendo que o que sou é nada,

Quero ir buscar quem fui onde ficou."

***

Acomode-se da melhor forma. Observe as orientações básicas para meditar: local, silêncio, horário...

Pegue uma foto predileta da sua infância. Aquela que lhe traz momentos de alegria. Não possuindo a foto, recorde a sua infância. Deixe as lembranças despontarem.

Vamos iniciar nossa viagem.

Imagine-se criança, assentada, sozinha, dentro de um grande teatro, olhando para a cortina fechada no palco, aguardando o espetáculo.

Olhe o palco e sinta-se em paz. O espetáculo começa e as imagens da sua infância surgem ininterruptas. Sua primeira escola, as festas de aniversário, os brinquedos prediletos, as histórias contadas pelos avós, as professoras abençoadas, o carinho dos amigos, as diversões.

Há pouca luz no ambiente, mas o suficiente para dirigi-la até o véu que a separa do bastidor. Vai até lá, pois vamos nos preparar para abrir esse véu. Atrás dele encontra-se sua sombra, seu mundo desconhecido.

Prepare-se; ao contar até três, você vai abrir o véu com coragem. Um, dois... três! Vai! Abra a cortina serenamente.

Sombra. Luz nenhuma, nenhuma luz. Escuridão. Onde estou meu Deus?!

Pare e acalme-se! Você está em si mesmo(a), não há por que temer. Sua sombra é criação de sua história evolutiva. Tenha calma. Respire fundo e sinta-se seguro(a). Repita três vezes: Eu estou seguro(a)! Eu estou bem!

Agora veja! Está tudo escuro, mas você sabe que pode enxergar. Enxergar com os olhos da alma. Escute as suas vozes! Ouça por um instante as suas vozes interiores.

Repentinamente, em meio aos muitos sons, um choro lhe chama atenção. É um choro de criança. Um choro de medo, baixinho, gostoso de ouvir e ao mesmo tempo preocupante, inspirador de piedade.

Quem será? Calma, você ainda não pode ver! Recomponha-se interiormente e caminha na sua sombra. Você vai encontrar quem chora.

Siga a sua intuição, os seus instintos!

Lá está ela! É uma criança. Mentalize a sua criança interior.

Agora chegue bem pertinho, mas vai devagar para não assustá-la. Coloque-se intimamente com desejo de acolhimento e bondade.

Olhe a criança. É você mesmo(a) em tempos idos. Uma criança pequena e graciosa, entretanto, com medo. Veja como a criança tem medo de você. Olhos esbugalhados, cabelos despenteados. Faltam alguns cuidados à criança. Observe-a por um instante. Sinta-a, mas, evite tocá-la.

Agora, ao contar três, ofereça a sua mão com o melhor sentimento de seu coração. Prepare-se! Um, dois... três. Estenda a mão. Mãozinha macia, dedinhos curtos. Medo de tocar.

Com muito receio, a criança aceita.

Agora , diga a ela: Vamos caminhar? Venha! Eu lhe quero bem, muito bem!

"A criança que fui chora na estrada.

Deixei-a ali quando vim ser quem sou;

Mas hoje, vendo que o que sou é nada,

Quero ir buscar quem fui onde ficou."

Olá, minha criança! Vim buscar quem fui, onde ficou. Que bom reencontrá-la, pois sei que um dia deixei-a na estrada para ser quem sou. Voltei agora para lhe buscar. Perdoe-me por tê-la abandonado. Enquanto você chorava, eu dormia o sono das conquistas passageiras. Agora, despertei e vim buscá-la.

Não se assuste comigo. Eu não a deixei porque desejava. Não soube como fazer. Agora retorno para buscá-la. Eu a aceito como você é, incondicionalmente. Você não é má por ter imperfeições. Você apenas tem imperfeições. Depois de tanto tempo, descobri que não sou capaz de viver sem o seu poder.

Quero brincar, pular e ser feliz. Venha me ajudar com a sua bondade. Ajude-me com sua criatividade e espontaneidade.

Ah! minha criança de luz, como eu te amo! Que vontade de sentir a sua espontaneidade, a sua riqueza.

Agora pergunte: quer passear comigo por este mundo de sombras? Ela balança a cabeça como uma criança risonha ao se lhe ofertar uma guloseima.

Faça seu passeio. Converse com a criança. "Deixai vir a mim as criancinhas, delas é o reino dos céus"... Ouça os seus sentimentos.

Agora, cuide de sua criança, arrume-a, porque você vai levá-la ao palco. Diga a ela que lhe apresentará seu mundo real.

Arrume-a!

Vamos nos preparar para concluir a viagem interior. Ao contar três, você vai passar de volta pela cortina e levar sua criança ao palco. Quando lá chegar, todas as pessoas da sua vida estarão assentadas nas cadeiras, aguardando para conhecê-la. Você vai (sem sair do palco) apontar cada pessoa e apresentá-la à sua criança. Vamos lá! Um, dois... três.

Apresente sua criança ao seu mundo exterior!

Agora vamos saudar sua criança. Todos se levantam naquele palco e batem palmas. Muitas palmas de amor para sua criança.

A criança corre até você e lhe abraça emocionada e feliz. Ela reconhece o seu amor.

Eu sou pureza! Eu sou luz! Há pureza em meu coração! A vida é presente em mim!

Uma voz altissonante desce do alto: "Digo-vos, em verdade, que, se não vos converterdes e tornardes quais crianças, não entrareis no reino dos céus."

Mas hoje, vendo que o que sou é nada,

Quero ir buscar quem fui onde ficou.

Eu sou confiança! Eu sou pura energia, vitalidade! Meu corpo é abençoado com a energia das células infantis. Minha mente relaxa, meu ser expande-se em glória e sabedoria.

Louvemos na oração a benção desse momento de reencontro.

Ermance Dufaux

Capítulo 17

Pedagogia da Felicidade

"O homem pode suavizar ou aumentar o amargor de suas provas, conforme o modo por que encare a vida terrena."

O evangelho segundo o espiritismo – capítulo 5 item 13

Nunca a humanidade mendigou tanta atenção e afeto. Uma crise de autodesvalor, sem precedentes, assola multidões. O sentimento de indignidade é o piso emocional das feridas seculares que causam a sensação de inferioridade, abandono e falência. Não se sentindo amadas, almas sem conta não conseguem superar os dramas da rejeição e os tormentos da solidão. Optam pela falência não assumida. Uma existência sem sentido, vazia de significados, sem metas; a caminho da derrocada moral e espiritual.

Somente o tratamento lento e perseverante de tecer o manto protetor da segurança íntima, utilizando o fio do autoamor, poderá renovar essa condição interior do ser humano.

Preso à atitude do menor esforço, o homem busca a ilusão como sinônimo de paz. Anseia-se pela felicidade como se tal estado da alma pudesse ser fruto da aquisição de facilidades e privilégios.

Contudo, a felicidade é uma conquista que se faz através da educação de si mesmo. Buscá-la no exterior é dar prosseguimento a uma procura recheada de decepções e dor.

Educar para ser feliz é dar sentido à existência. O homem contemporâneo padece a doença do sentido. O vazio existencial é o corrosivo de seu mundo íntimo.

Reflitamos! Como a doutrina pode nos ajudar a construir sentido para a existência? Que passos dar para estabelecer significado educativo ao nosso sofrimento?

O doutor Viktor E. Frankl foi um homem extraordinário. Viveu a dor dos campos de concentração nazistas e sobreviveu, graças à sua habilidade em gestar um sentido para sua dor em plena provação. Criador da logoterapia, Viktor Frankl auxiliou multidões a ter uma vida mais digna e promissora. Em sua obra prima ele afirmou:

> "Quando um homem descobre que seu destino lhe reservou um sofrimento, tem que ver neste sofrimento também uma tarefa sua, única e original. Mesmo diante do sofrimento, a pessoa precisa conquistar a consciência de que ela é única e exclusiva em todo o cosmo dentro desse destino sofrido. Ninguém pode assumir dela o destino, e ninguém pode substituir a pessoa no sofrimento. Mas na maneira como ela própria suporta este sofrimento está também a possibilidade de uma realização única e singular."[1]

A primeira condição para se estabelecer um sentido à vida é o exercício da singularidade. Descobrir seus próprios caminhos, lutar por seus sonhos, celebrar sua diversidade aceitando suas particularidades, participar da vida como se é, sentir o gosto de se desligar de uma vida centrada no ideal e realizar-se no real.

---

[1] *Em busca de sentido* – página 76 – Perguntar pelo Sentido da Vida – Editora Vozes

Ermance Dufaux

A vida em si mesma não tem um sentido, algo que se possa definir através de padrões ou princípios filosóficos. Esse sentido é construído pelas percepções individuais sob as lentes da singularidade humana que, a partir de diretrizes gerais, capacita-se a seguir sua rota intuitiva na direção da perfeição.

"O homem pode suavizar ou aumentar o amargor de suas provas, conforme o modo por que encare a vida terrena." O modo de encarar ou perceber a vida terrena é a leitura pessoal de ser no mundo.

A felicidade resulta da habilidade de consolidar esse sentido a partir do olhar de impermanência. O enfoque da transitoriedade e do desprendimento.

Quase sempre sentimo-nos mais seguros adotando o parecer da maioria, um sentimento natural até certa etapa da jornada de crescimento. Chegará, porém, o instante em que a vida nos convidará ao processo inevitável das descobertas singulares. Isso não significa estar alheio à convivência, ao processo de interação grupal. É apenas ter mais consciência do que convém ou não ao desenvolvimento individual na interação social.

Nas nossas frentes de serviços doutrinários somos convocados a urgente autoavaliação nesse tema para erguimento da felicidade pessoal. Com um movimento acentuadamente dirigido para a coletivização, a uniformidade de conceitos e práticas escasseia o estímulo ou a aceitação para a diversidade. Nesse contexto, frequentemente, ideias criativas e condutas diferentes são acolhidas com desdém, esfriam relações e ensejam a indiferença. São tachadas de personalismo e vaidade. Mais uma razão para tecer o autoamor e investigar a forma pessoal de caminhar.

Personalismo ou singularidade? Individualismo ou individuação? Em quais experiências nos enquadramos?

Sem medo do individualismo, que é muito diferente da individuação, é imperioso aprendermos a investigar o coração em busca do mapa singular do Pai à nossa jornada de aprimoramento. Quem se ama vive a maravilhosa experiência de sentir brotar em sua alma, espontaneamente, uma cumplicidade poderosa com a vida, o próximo e a Obra Divina. Quanto mais amor a quem somos, mais amamos a vida. O sentido da existência está no ato de percebermos o que significamos na Obra Paternal.

O segundo ponto essencial na construção do sentido é desenvolver a habilidade de superar o sofrimento. O prazer de viver surge quando, efetivamente, entendemos as razões de nossas dores e como superá-las. O carma, a roda da vida, consiste em sofrer e não saber o que fazer para sair dessa roda de dores. O carma sutil da nobreza das intenções em conflito com a conduta que adotamos, consiste em possuir valores e não saber como utilizá-los para o bem.

Quando desenvolvemos a arte de abrir o cadeado de nossas mazelas, soltamo-nos para novas vivências. Desprendemos das velhas amarras mentais, dos complexos afetivos, dos condicionamentos. Quando aprendemos a lidar com nossos valores, a vida se plenifica.

A dor existe para incitar a inteligência na descoberta de soluções em nós mesmos. A grande lição nesse passo é descobrir as causas das aflições. O sentido da existência não está fora, mas dentro de nós. Podemos compartilhá-lo com o outro, entretanto, ele não depende do outro.

Como temos dificuldade em assumir a nossa fragilidade! Quanta dificuldade demonstramos para admitir nossa falibilidade! Sentimo-nos pequenos, incompetentes ao nos deparar com as batalhas não vencidas ou com as imperfeições não superadas, agravando ainda mais as provações. "O homem pode suavizar ou aumentar o amargor de suas provas, (...)"

Fénelon assinala: "Que de tormentos, ao contrário, se poupa aquele que sabe contentar-se com o que tem, que nota sem inveja o que não possui, que não procura parecer mais do que é."[2]

A frase de Fénelon é uma autêntica proposta de paz interior. Ser feliz é contentar-se com o que se é sem que isso signifique estacionar. É o amor a si. Quem pode querer mais?

Portanto, nisto resume-se a consolidação do sentido da vida:

1. Saber quem somos, o que a vida espera de nós, a missão particular, única e intransferível. É o exercício da singularidade.

2. Zelar pela manutenção desse processo de individuação através da superação das mensagens inconscientes de desvalor e incapacidade, diante de nossos sofrimentos, integrando-as ao *self* translúcido, que se encontra ao nosso inteiro dispor.

Uma pedagogia de felicidade deve assentar-se no autoamor em busca do *self* reluzente. Desenvolver as habilidades da

---

[2] *O evangelho segundo o espiritismo* – capítulo 5 – item 23

inteligência espiritual, tais como autoconsciência, resiliência, visão holística, alteridade, autoconfiança, curiosidade, criatividade, disciplina no adiamento das gratificações, sensibilidade, compaixão, naturalidade.

Eis alguns caminhos da pedagogia para a sanidade humana que poderão ser experimentados pelas nossas agremiações de amor em seus programas de consolo e esclarecimento:

- Exercer dinâmicas de autoconhecimento.

- Compreender os mecanismos punitivos da culpa e como superá-los.

- Desenvolver técnicas de sensibilidade do afeto.

- Fazer uso dos recursos psicoterapêuticos bem orientados pelos mentores espirituais.

- Meditar.

- Orar.

- Implantar pequenos círculos de diálogo sobre valores humanos.

- Participar de atividades de cooperação social, criando espaço para estudar os sentimentos decorrentes dessa prática.

- Cultivar a crença de que todos somos dignos da Bondade Celeste em quaisquer circunstâncias.

- Desenvolver a autonomia.

Ermance Dufaux

Quem ama a si mesmo sente-se rico. É excelente companhia para si mesmo. Descobriu seu valor pessoal na Obra da Criação e tem consciência plena da Bondade do Pai em favor de sua caminhada individual. Todas essas sensações, é bom destacar, operam-se no reinado do coração, são sentimentos e não formas de pensar. Nisso reside o sentimento de merecimento ou, como costumamos nomear, a maior conquista espiritual para ser feliz. Não foi fruto de instrução, mas serviço de renovação efetiva nas matrizes da vida mental profunda, nas células afetivas.

Quem se ama dispensa a imponência das máscaras. É feliz por ser quem é. Aprendeu que "Dele, porém, depende a suavização de seus males e o ser tão feliz quanto possível na Terra."[3]

---

[3] *O livro dos espíritos* – questão 920

Capítulo 18

Sentimento e Obsessão

"Quem quer que escuta a palavra do reino e não lhe dá atenção, vem o espírito maligno e tira o que lhe fora semeado no coração." (Mateus 13:18 a 23.)

O evangelho segundo o espiritismo – capítulo 17 – item 5

Costuma-se relacionar obsessão com condutas vicio-sas como alcoolismo, tabagismo, sexolatria e outros vícios corporais. Entretanto, existe uma infinidade de co-núbios obsessivos ainda não investigados que se operam em decorrência dos estados psicológicos e emocionais do ser humano.

Obsessão é uma interação de mentes que evolui no tempo através da sustentação de vínculos pela Lei de Sintonia, mantendo duas ou mais criaturas ligadas pelos seus inte-resses. Alterando ou deixando de existir tais interesses, a vinculação passa a ser circunstancial. Chamamo-la de pressão psíquica.

Que processos interiores experimenta a alma para que estabeleça um circuito de forças mentais dominadoras? Que estados psicológicos e emotivos servem de base na constrição mente a mente?

Analisemos, didaticamente, nesse terreno sutil, a sequên-cia de interação mental mais frequente a partir da inten-ção obsessiva, nutrida por um Espírito desencarnado sobre as brechas oferecidas pelo encarnado.

Etapa um

- Existe a intenção do agente (obsessor).

- São acionados elementos de sintonia no receptor (obsidiado).

Etapa dois

- O agente invade os limites psicológicos e emocionais do receptor.

- Permissão do receptor.

Etapa três

- Produção de clichês induzidos.

- Assimilação de ideias intrusas e surgimento do conflito mental.

Etapa quatro

- Sugestões hipnóticas de manutenção.

- Enfraquecimento da vontade.

Etapa cinco

- Implantação de tecnologias

- Adesão intencional ao plano do agente indutor através do sentimento.

Etapa seis

- Evolução e sofisticação do domínio sobre o receptor.

- Dependência através de simbiose afetiva compartilhada.

Adotando a progressividade didática utilizada pelo senhor Allan Kardec no capítulo 23 de *O livro dos médiuns*, assim se enquadram as etapas acima referidas:

1. Obsessão simples – estabelecimento da sintonia – etapas 1 a 3.

2. Fascinação – invasão dos limites alheios – etapas 4 e 5.

3. Subjugação – simbiose – etapa 6.

Na educação interior, certos comportamentos sujeitam-se à obsessão. Ao longo do tempo, os embates interiores causam em alguns discípulos espíritas a sensação de fadiga na alma. Os esforços e vitórias parecem insignificantes e infrutíferos. Um nocivo sentimento de inutilidade toma conta da vida mental. Desponta a dúvida e com ela multiplicam-se as perguntas sobre a validade de perseverar. Não estará faltando algo? Melhorei de fato? Estarei sendo hipócrita?!

Nessa hora psicológica nascem muitas obsessões. Discípulos sinceros que sacrificaram longamente na conquista de si próprios estacionam em lamentação e descrença, desprezando as vitórias e fixando-se no derrotismo e na acomodação.

Um dos pontos educacionais da autoaceitação consiste em valorizar os nossos esforços de reeducação espiritual – ponto crucial na conquista de condições psicológicas adequadas ao crescimento interior. Quando não valorizamos o que já podemos realizar, abrimos a frequência da vida interior para a descrença, o desânimo e a desmotivação, convidando os influentes da maldade para que dilapidem os tesouros de nossa vida íntima.

Façamos agora, portanto, uma radiografia da exploração obsessiva sobre o sentimento de menos valia ou baixa autoestima, valendo-nos das etapas supra enumeradas.

Etapa um

- O agente encontra campo vibratório para sua intenção constritora.

- A sensação de incapacidade é aceita pelo receptor, através de suas próprias crenças derrotistas programadas no inconsciente.

Etapa dois

- O agente penetra a vida psíquica do receptor e estimula o sentimento de indignidade já presente na vítima.

- Adesão espontânea no clima da revolta em função das frustrações da vida.

Etapa três

- O agente trabalha com informações sobre as mazelas de seu alvo.

- São criadas as justificativas autodefensivas para a conduta invigilante.

Etapa quatro

- Sugestões hipnóticas de autodesvalorização através de ideias imaginárias do desprezo de outrem.

- Estado íntimo de insatisfação consigo próprio, levando à culpa e apatia ante os ideais superiores.

Ermance Dufaux

Etapa cinco

- Tecnologias avançadas para instalar a descrença – o sentimento básico para consumar uma queda moral.

- Estado íntimo de falência cujo nome é desânimo – a doença de quem desistiu.

Etapa seis

- Exploração do receptor nos programas de ataque e interferência na sociedade carnal. Assalariado carnal.

- Total dependência em quadros de adoecimento psíquico.

O conceito de vigilância vai muito além de disciplinar os pensamentos. É no campo do sentimento que nasce a maioria das obsessões. A capacidade de pensar livre ou decidir por nós é quase nula no concerto universal. Vivemos em regime de contínuo intercâmbio e interdependência.

Nesse contexto fenomenológico da vida mental não será incoerente afirmar que todos respiramos, em maior ou menor grau, nas faixas da obsessão. A questão é saber se somos por ela dominados ou se a temos sob nosso controle. Sob essa ótica as obsessões são convites educativos contidos nas Leis Naturais para nosso aprimoramento.

Somente a oração ungida pelos sentimentos elevados, a intenção nobre e perseverante, seguidas da conduta reta, podem estabelecer um clima de autonomia psíquica desejável, que nos defenda da dominação dos interesses inferiores à nossa volta.

Essa autonomia interrompe o processo na "etapa dois", quando elabora no terreno dos sentimentos o autoamor – reconhecimento de nossa pequenez, seguido da alegria de poder contar sempre com a manifestação da Divina Providência em favor de nossas vastas necessidades espirituais.

"Quem quer que escuta a palavra do reino e não lhe dá atenção, vem o espírito maligno e tira o que lhe fora semeado no coração."

Com sua habitual lucidez Jesus estabeleceu em Mateus, capítulo quinze, versículo dezenove: "Porque do coração procedem os maus pensamentos, mortes, adultérios, prostituição, furtos, falsos testemunhos e blasfêmias".

Só carregamos por fora o resultado do que temos por dentro.

Capítulo 19

Que Sentimos Sobre Nós?

"Quando saiam de Betânia, ele teve fome; e, vendo ao longe uma figueira, para ela encaminhou-se, a ver se acharia alguma coisa; tendo-se, porém, aproximado, só achou folhas, visto não ser tempo de figos."

O evangelho segundo o espiritismo – capítulo 19 – item 8

Os sentimentos que mais necessitamos compreender para nossa harmonia são aqueles que dizem respeito a nós próprios.

Que sentimos sobre nós? Qual a relação afetiva que temos conosco? Como temos tratado a nós mesmos? A partir de uma viagem nesse desconhecido mundo íntimo, faremos descobertas fascinantes e primordiais para uma integração harmoniosa com a Lei Divina e o próximo. A partir da harmonia que podemos criar com nossa vida profunda, essa busca de si mesmo terá como prêmio o encontro com o eu verdadeiro, aquilo que realmente somos – a singularidade.

Como começar essa viagem de autoencontro em favor da consolidação de uma relação pacífica e amorosa conosco? Como trabalhar a aplicação do autoamor? Façamos, inicialmente, algumas indagações.

Que fatores íntimos determinam a nossa dependência de situações e pessoas? Que causas emocionais ou psicológicas podem afastar-nos do desejo de sermos criativos e espontâneos? O que nos impede de avançar em direção aos nossos sonhos íntimos de realização e felicidade? Por que ainda não temos conseguido progresso na construção de valores pessoais em sintonia com os propósitos iluminados da Doutrina Espírita? O que realmente queremos da vida?

O primeiro ato educativo na construção do valor pessoal é diluir a ilusão da inferioridade. Buscar as raízes do desamor que usamos conosco. O Criador nos ama como estamos. Temos um nobre significado para Deus. Somente nós, por enquanto, ainda não descobrimos o valor que possuímos. Inegavelmente, poucos de nós apresentamos bom aproveitamento nas oportunidades corporais pretéritas, no entanto, o destaque acentuado aos deslizes e quedas nas vidas sucessivas somente agrava o estado íntimo de amargura da alma. Renascemos com novo corpo para esquecer e olhar para frente. As indagações que devemos assinalar nesta etapa são: Por que não me sinto digno? Quais são minhas reais intenções? Que lições tenho a aprender quando me sinto inferior? Por que determinada atitude ou acontecimento me faz sentir inferior?

Outro aspecto na valorização pessoal a considerar são os julgamentos que aplicam a nós. O que importa é o que faremos diante deles. Como reagiremos? Podemos nos culpar ou adotar o cuidado de refletir sobre o valor que tenham para nós. Quando não cultuamos o autoamor, os julgamentos alheios constituem espessas algemas das mais nobres aspirações. Em quaisquer situações o amor é nossa couraça pessoal. Quem se ama sabe se defender sem fugas e ter respostas emocionais inteligentes e serenas aos estímulos do meio. Não crescemos sem conviver; isso não significa que devamos permitir a outrem ultrapassar os limites em relação à nossa intimidade. Somente nós próprios podemos penetrar com sabedoria e naturalidade a subjetividade de nosso ser.

Ermance Dufaux

Portanto, temos um processo interior – o sentimento de inferioridade – e uma força externa – os julgamentos, a aprovação social. Ambos consorciam-se, frequentemente, contra nossos anseios de crescimento. Somente com a aquisição da autonomia saberemos lidar com tais fatores educativos.

Não fomos educados para respeitar a escolha do outro na busca de seus caminhos. Fomos educados para manter o outro pensando como nós, escolhendo por nossas escolhas, opinando conforme os padrões de pensamento que adotamos e agindo de conformidade com nossa avaliação de certo e errado. É o regime de possessividade e submissão nas relações. É mais confortável ser orientado, ter respostas prontas para nossas dúvidas e angústias ou pedir a alguém que nos indique a escolha mais acertada. Em inúmeras ocasiões é mais cômodo se ajustar a muitos julgamentos que acreditar nos ideais pessoais e nos nossos sentimentos. Consideremos, dessa forma, quanto necessitamos investir na erradicação da acomodação em busca da solidificação da autonomia psicológica em favor da liberdade que ansiamos.

Um impedimento frequente na construção da autonomia é o medo de rejeição – uma das mais graves consequências da baixa autoestima. Como seremos interpretados? Qual será o conceito que farão de nós a partir do instante em que decidirmos por um caminho afinado com o que sentimos e pensamos?

A necessidade da aprovação alheia é extremamente enraizada na vida emocional. Todas as pessoas e suas respectivas ideias a nosso respeito merecem carinho e consideração, respeito e fraternidade. Porém, conceder a outrem o direito de aprovar ou reprovar...

A palavra aprovação, entre outros sinônimos, quer dizer: ter a nossa atitude reconhecida como moralmente boa. Analisando com cuidado, a aprovação se torna um julgamento, uma forma de interpretar e definir o que deve ou não ser feito e da forma como deve ser feito.

Sigamos a intuição, aprendendo a ler as mensagens sutis da vida interior despachadas pelo sentimento, evitando o desprezo ao que sentimos. Mesmo as sensações desconfortáveis à consciência nos ensinam algo. A garantia de que vamos aprender depende do trato que daremos ao nosso mundo íntimo, o respeito incondicional que devemos usar conosco e de amarmo-nos como merecemos ser amados.

Uma vez alfabetizados pelo coração, passaremos a fruir uma vida mais plena, felizes com nossa condição, permitindo-nos evoluir com naturalidade, sem condenações e severidade.

O Espiritismo é remédio para nossas dores e roteiro para libertação de nossas consciências. Estudá-lo, sim, entretanto, a maioridade espiritual nas atitudes somente florescerá ao renovarmos o modo de sentir a nós, ao próximo e à vida.

Informação e transformação. Do contrário, ficaremos na superfície da proposta do amor, assim como a figueira na qual Jesus procurou frutos, adornados pelas folhas da cultura e vazios dos frutos do crescimento real.

Capítulo 20

A Palestra de Calderaro

"Acumulai tesouros no céu, onde nem a ferrugem, nem os vermes os comem; – porquanto, onde está o vosso tesouro aí está também o vosso coração".

O evangelho segundo o espiritismo – capítulo 25 – item 6

A tarde dava suas últimas manifestações a caminho do crepúsculo. Chegava o instante das reuniões terapêuticas em grupo. Sob supervisão de psicólogos da alma, pequenas equipes de vinte integrantes em estágios avançados de preparo eram orientadas visando avaliar sua mais recente reencarnação e projetar responsabilidades maiores para o futuro. Dona Maria Modesto Cravo responde por um dos muitos grupos de reencontro – como são conhecidos entre nós – na condição de supervisora. Naquela tarde, o benfeitor Calderaro visitava o Hospital Esperança e fora convidado para versar sobre um tema essencial ao preparo de todos, já que dispunha de vinte preciosos minutos.

Pontualmente às dezessete horas, a supervisora tomou a palavra. Após a oração, ela assim apresentou o explanador:

— Amigos, esse é Calderaro, que nos abençoará com sua palavra sobre o tema de nossas reflexões atuais: "O Poder das Intenções no Crescimento Espiritual". Nosso companheiro é devotado aos serviços socorristas nas zonas abissais da erraticidade. Ouçamos sua sábia palavra, que será breve devido a outros compromissos que o aguardam. Calderaro – falou dona

Modesta dirigindo-se ao benfeitor – os nossos companheiros aqui presentes foram todos espíritas quando encarnados. Portanto, sinta-se em casa.

Com simplicidade, colocou-se de pé ante o círculo dos presentes e os saudou:

— Companheiros, paz conosco. Serei objetivo em face da falta de tempo. Como me solicitou dona Modesta, abordarei o tema considerando que vocês se preparam para intensos labores de assistência aos grêmios espíritas na Terra.

Nos grupos doutrinários, com raras exceções, são expedidas orientações que versam sobre o que não se deve fazer, o que se deve evitar. São focadas com certo exagero as doenças e fala-se pouco na cura, sem explicações satisfatórias sobre como conquistá-la.

Decerto, os preceitos e orientações espirituais básicos são necessários; constituem o cerne das finalidades de uma agremiação espírita-cristã. Entretanto, a alma humana, herdeira de particularidades, pede mais e quer saber o que fazer para ser feliz. Necessita de respostas diferenciadas.

Os preceitos morais nem sempre motivam cumplicidade e comprometimento, porque são enfatizados em clima de autodesvalorização. Quase sempre são expostos como regras gerais e sob uma ótica coletiva. Indicativas de aperfeiçoamento – sem dúvida, necessárias – ganham conotação repressora, tais como: "cuidado com a vaidade!", "somos todos personalistas!", "já falimos muito nos vícios!", "o orgulho é a nossa doença!", "os espíritas são todos melindrosos!", "sozinhos não temos força contra as ilusões!", "precisamos de muita tarefa para buscar a paz!", "somente

Ermance Dufaux

no Espiritismo temos todas as respostas!", entre várias outras. Por conta desse enfoque, recomendações que deveriam ser prezadas como úteis e valorosas ao crescimento terminam constituindo uma plataforma religiosa exterior calcada na velha didática: "o espírita pode isso e não pode aquilo", "o espírita é isso e não o que pensa que é".

Vários projetos de orientação espiritual da atualidade carecem de um item imprescindível: prestigiar a singularidade. Permitir a manifestação do imaginário humano e de sua diversidade. Somente a partir de então, estabelecer laços entre a experiência particular e as bases gerais da doutrina.

Que caminho melhor haverá para isso do que questionar? Fazer perguntas e não ocupar-se em respostas exatas ou certezas imediatistas. Contudo, mesmo quando atingirmos o patamar de aplicarmos uma didática rica de alteridade, alguns questionamentos, essencialmente pessoais, permanecerão na acústica da alma como pistas para o processo da individuação – a celebração da individualidade divina arquivada no inconsciente.

Chega um instante na caminhada do amadurecimento espiritual em que somos convocados ao chamado particular de ascensão. Depois de um tempo de esforços e disciplina, nasce o fruto interior do acrisolamento da personalidade excelsa que estamos talhando. Seremos levados a indagar: que queremos da nossa reencarnação? Estarei manifestando minha singularidade ou seguindo convenções e julgamentos? Estou ouvindo meus sentimentos ou adotando preceitos que me foram passados? Qual o meu propósito na Obra da Criação? Que missão devo desempenhar perante a vida? Quais são minhas reais intenções perante a existência? O que quero realizar para meu processo de elevação espiritual?

Quem não sabe o que quer não toma decisões afinadas com seu íntimo.

Conhecer nossas intenções, ter consciência de sua natureza, é fundamental para nossa paz interior.

Quanto mais consciência de suas reais intenções, mais a criatura:

- Visualiza seu futuro.

- Sustenta seus ideais.

- Melhora a relação consigo.

- Alcança o clima da serenidade e dilata sua responsabilidade.

- Sintoniza-se com seu planejamento reencarnatório.

É nesse aspecto subjetivo da vida íntima que reside o mapa para o destino. O que desejo realizar? Que aspirações motivam minha vida? Onde quero chegar? O que espero alcançar em mim?

Confiar em si sem autossuficiência; amar sua existência como se é, buscando o aprimoramento gradativo; dar-se o direito de escolher e fazer opções sobre seus planos de crescimento espiritual; livrar a mente dos chavões doutrinários que não correspondem com nossos legítimos sentimentos; avaliar se os desejos alheios se afinam com os nossos projetos de aperfeiçoamento. Essas são algumas indicativas para conhecermos e manifestarmos nossas intenções, livrando-nos do medo de planejar ideais particulares que nos façam pessoas mais felizes e conscientes de nossas responsabilidades ante as necessidades de nossa raça.

Na condição de orientadores da Doutrina Espírita, encarnados e desencarnados, haveremos de nutrir respeito incondicional pela individualidade humana. O bom líder à luz da mensagem cristã será aquele que melhor promover condições, tanto quanto possíveis, para que o ser humano consiga encontrar sua singularidade e ser feliz. Em nossa comunidade doutrinária, observamos rotineiramente a surpresa de uns e a rejeição de outros quando alguém faz escolhas que não são as que achamos que deveriam ser feitas, ou ainda quando alguém tem atitudes que julgamos não serem adequadas ao seu nível.

Qual de nós conhece as intenções da ação alheia? Qual de nós perguntou a quem quer que seja a preferência de determinada criatura? A ninguém é vedado o direito de ter opiniões sobre o outro, entretanto julgar... Julgamos quando encaixamos as pessoas em nossos modelos de perfeição.

Aqui mesmo, no Hospital Esperança, acolhemos muitos corações iluminados pelo Espiritismo que ruminam o pensamento em torno da seguinte frase: "fiz o que não queria e deixei de fazer o que precisava". Desconheciam ou deixaram de acreditar em suas intenções. Muitos desses companheiros se seguissem a voz interior, poderiam ter feito melhor proveito de suas reencarnações. Desencarnam com sentimento de frustração sem se darem conta de sua origem.

Prega-se insistentemente o amor ao próximo em nossos meios. Louvado seja! Todavia, a proposta educativa do Cristo inclui o autoamor. Generaliza-se uma confusão entre celebrar a individualidade e o individualismo. O primeiro é o processo da individuação, a educação das potencialidades do *self*. O segundo é a conduta egocêntrica de destaque e prestígio. Que os nossos grupos se lancem sem temores ao exercício da atitude de amor a si mesmo. Estamos no tempo dos sentimentos, das descobertas da alma.

De onde vim? Para onde vou? Que faço na Terra? Que quero da vida? Que os centros espíritas tomem como meta neste século dos sentimentos o compromisso de auxiliar os seres humanos a investigarem suas reais propostas existenciais ajudando-os a viver em paz. Ainda mesmo, e principalmente, se os seus destinos forem contrários às nossas expectativas.

Para conhecer bem esse reinado das intenções, façamos um mergulho interior e meditemos sem receios ou julgamentos nas questões que formulamos acima.

Quando Jesus pronunciou o "não julgueis" é porque nenhum de nós pode, em são juízo, medir a intenção alheia. Muitas vezes os atos e sentimentos que manifestamos não se encontram em sintonia com as intenções. Nasce então o conflito, a frustração íntima em relação ao que estamos realizando e como nos expressamos para o mundo.

As intenções nobres sustentam os mais legítimos sentimentos de progresso e elevação, embora, permitamos, frequentemente, que os vilões emocionais da culpa e do medo nos afastem de seguir as inspirações instintivas a ecoar no imo de nosso ser, chamando-nos para o destino glorioso e singular.

Nossas colocações, certamente, podem lhes causar insegurança. É natural! Fomos treinados para temer ou negar o que sentimos, no entanto, não haverá paz na alma daquele que não se lançar a essa tarefa educativa de percorrer a solidão necessária e responder a si: Quem sou? O que quero?

É razoável, perante nossas abordagens, pensar no torpor causado pelas ilusões quando se assevera ser necessário seguir as intenções. Durante longo tempo, estamos equivocados nesse setor. O Guia Espiritual Lazaro diz: "O aguilhão da consciência, guardião da probidade interior, o adverte e sustenta; mas, muitas vezes, mostra-se impotente diante dos sofismas da paixão."[1]

Se as ilusões são apelos vivos na vida mental da maioria da humanidade, por outro lado, muitos de nós já estamos convidados a trilhar os caminhos novos da autonomia, mas por receio de seguir sentimentos que falam de um outro caminho, o caminho singular, negamos os apelos da alma e paramos a ouvir os críticos externos e internos ou os preceitos literários de natureza religiosa.

A tarefa dos autênticos educadores espirituais reside em devolver ao homem sua própria consciência. Somente abdicando do que acreditamos ser o melhor para o outro através das vias da empatia, poderemos cumprir com essa missão. A grande meta de todos os servidores do bem deve ser libertar consciências do jugo das ilusões. A dificuldade consiste em saber o que é ou não ilusão para o outro, sendo que nem mesmos nós, em certas situações, sabemos medir com precisa segurança a diferença entre realidade pessoal e distorção da autoimagem.

Os integrantes do círculo terapêutico estavam extasiados em ouvir a palavra inspirada de Calderaro. Via-se

---

[1] *O evangelho segundo o espiritismo* – capítulo 17 – item 7

um sorriso de contentamento apaixonante nos lábios de dona Modesta. Parecendo fazer uma leitura da alma dos presentes, indagou o servidor:

— Naturalmente, ante essa abordagem, surge a questão: como reencontrar nossa consciência?

A resposta vem breve: aprendendo a linguagem do coração. Escutando os sentimentos perceberemos a natureza de nossa intenção perante a vida, pois é no espelho do coração que a consciência projeta a luz de nossas mais recônditas aspirações evolutivas.

"Acumulai tesouros no céu, onde nem a ferrugem, nem os vermes os comem; – porquanto, onde está o vosso tesouro aí está também o vosso coração."[2]

O tesouro da alma é a intenção. Onde ela se situa aí está o coração, ou seja, nossos sentimentos.

É um tesouro porque a frequência das intenções constitui a mais legítima identidade do Espírito qualificando sua real condição perante a ordem universal.

Qual será a condição de quem toma contato com nossas reflexões? Ilusão ou convite para a autonomia? Eis mais uma ótima reflexão a ser feita na busca das legítimas intenções em favor da integração com nosso destino particular e sagrado planejado por Deus na Sua Bendita Casa.

Jesus, o Ser que sintoniza com a Intenção do Pai, o mais puro exemplo de amor que já passou pela Terra, teve seu julgamento com base nos seus atos e não em suas intenções.

---

[2] *O evangelho segundo o espiritismo* – capítulo 25 – item 6

A pedido de dona Modesta, fizemos essa introdução para pensarmos juntos sobre o tema de minha especialidade e interesse, a obsessão. Já que se preparam para incursões futuras nesse terreno da experiência humana entre os espíritas, guardem esse ensino precioso do Mestre:

"Se tendes amor, tereis colocado o vosso tesouro lá onde os vermes e a ferrugem não o podem atacar e vereis apagar-se da vossa alma tudo o que seja capaz de lhe conspurcar a pureza;"[3]

As Leis Naturais se cumprem na vida de cada um de nós conforme a natureza das intenções que acalentamos. A intenção é o termômetro de nosso ato evolutivo determinando a frequência básica de nossa atividade mental, pela qual seremos identificados na teia cósmica da vida.

Intenções nobres convergem todas as partes da mente para uma inteireza, facilitando a ação do *self*, pacificando o coração. Devido à sua frequência, a criatura cria uma couraça defensiva contra a maldade ou atrai para si os reflexos dos propósitos infelizes. A frequência é o fio de aglutinação dos fragmentos da mente, integrando-os para a harmonia ou a derrocada, conforme nossa busca na Obra da Criação.

Portanto, a frequência de nossos objetivos recônditos é o canal de sintonia que nos liga com a vida.

No capítulo das obsessões e dos relacionamentos interdimensionais será imperioso considerar a influência

---

[3] *O evangelho segundo o espiritismo* – capítulo 8 – item 19

determinante das intenções na solução ou agravamento das constrições mentais dominadoras.

Ninguém se atola nos pântanos da coação e do transtorno mental sem que a porta de seus propósitos íntimos esteja aberta em lamentável indisciplina. Igualmente, ninguém recolhe o pensamento de Sábios Guias sem qualidades interiores que retratem suas intenções elevadas.

"Entre os seres pensantes há ligação que ainda não conheceis. O magnetismo é o piloto desta ciência, que mais tarde compreendereis melhor."[4]

Bilhões de corações na Terra, aqui incluindo nós todos que peregrinamos sob a égide do Espiritismo, se avaliados à luz dos princípios da mensagem do Cristo somente pelos seus atos e palavras – aspectos mais salientes de identificação da personalidade humana -, certamente receberão um juízo arrolado com base nos padrões convencionais do que é certo e errado na vida de relações. Esse juízo, como não poderia ser diferente, será registrado com base naquilo que se conhece da pessoa. Quase sempre, algo distante do que ela é por dentro.

Inúmeros homens e mulheres em suas reencarnações estão enquadrados em grupos ou experiências cumprindo tarefas particulares, conforme suas necessidades pessoais, e nutrindo as mais puras intenções de melhora e reeducação. Muitos deles encontram-se desajustados e infelizes, mas persistentes em suas aspirações de superação e enriquecimento moral. Para os juízes da Vida Maior, cumprem missões particulares e

---

[4] *O livro dos espíritos* – questão 388

cooperam com a obra paciente de progresso da humanidade, cada qual a seu modo.

Uma das habilidades da alfabetização emocional na qual todos necessitamos nos matricular é a empatia. Ela nos ensina a compreender pessoas e não somente suas atitudes.

A partir dessa reflexão, é imperioso entender que as obsessões não se estabelecem com base em rótulos exteriores que consignam determinado comportamento como sinônimo de desequilíbrio. Listemos alguns exemplos que são sempre destacados: as opções sexuais, o apego material, os vícios de variada ordem, a atividade dos políticos, os hábitos sociais, o exotismo de certas condutas.

Nos nossos celeiros de amor da doutrina encontramos severas reprimendas a semelhantes posturas. A diversidade é ainda recriminada em nossos ambientes. Pautamo-nos ainda por critérios do mundo estabelecendo o que é certo e errado, caindo em exames arrogantes, recheados de certezas e inflexibilidade, insuflando a intolerância e a rigidez que destroem as mais caras amizades e planos de trabalho sob os bafores da intransigência velada.

A tarja de obsidiado tem sido utilizada para quantos decidem por caminhos diferentes. Sentenciamos sem conhecer-lhes as intenções. Estamos sempre aptos em nossa análise a dizer o que o outro precisa e deve fazer, esquecendo-nos do princípio básico do respeito à individualidade.

É incrível! Falo aqui de mim próprio; como apegamo-nos com facilidade aos conceitos que acreditamos ser a mais pura manifestação da verdade sobre o que o outro é! Por mais ajuizado seja o nosso parecer sobre o próximo, esse apego escandaloso é a mais vil expressão de nossa arrogância. Perdoem-me a clareza de minha fala, mas a dirijo principalmente a mim mesmo – expressou o instrutor na mais espontânea simplicidade.

Necessário dizer que muitos companheiros de ideal – não todos evidentemente -, que receberam o veredicto de serem almas em queda e obsidiados contumazes são desbravadores obstinados de novas formas de caminhar, corajosos desafiantes que honram em si mesmos a diversidade. Diversidade essa que ainda não aprendemos a respeitar. Peregrinam por outras sendas de aprendizado nas quais, possivelmente, a maioria não teria siso para trilhar. Garantem-se com suas intenções. Sobre alguns deles, inclusive, assentam-se os mais elevados interesses do Plano Maior.

Não existe ninguém nos círculos de aprendizado da Terra, em ambas as esferas de vida, que esteja livre das associações mentais constritoras ou como diz o senhor Allan Kardec: "(...) o domínio que alguns Espíritos logram adquirir sobre certas pessoas".[5] Observemos a fala "logram adquirir", mas graças à qualidade superior das aspirações nem sempre adquirem. Impossível para nós livrarmo-nos completamente das interferências, contudo, mantê-las e consolidá-las vai depender das intenções. Só existe domínio quando cedemos ou desistimos de continuar lutando pelas nossas aspirações mais profundas. Eis o conceito prático de obsessão.

Por isso dissemos que a intenção sustenta nossos mais nobres ideais. Não existe obsessor ou técnica capaz de destruir as intenções, a não ser nossa escolha pessoal. Elas são como uma armadura da alma. Somente através

---

[5] *O livro dos médiuns* – capítulo 23 – item 237

dela nos protegemos da adesão permanente a situações, condutas e relações. A Lei de Sintonia é o alicerce desse processo que interrompe ou consolida nossos elos.

> "Se tendes amor, tereis colocado o vosso tesouro lá onde os vermes e a ferrugem não o podem atacar e vereis apagar-se da vossa alma tudo o que seja capaz de lhe conspurcar a pureza."[6]

Por conta desse "sentimento oculto" – a intenção – tão cedo não entenderemos a contento a Justiça Divina, que se guia por expressões ignoradas como se observa nas seguintes frases:

"É sempre do mesmo grau a culpabilidade em todos os casos de assassínio? Já o temos dito: Deus é justo, julga mais pela intenção do que pelo fato."[7]

"A intenção lhe atenua a falta; entretanto, nem por isso deixa de haver falta."[8]

"Não há culpabilidade, em não havendo intenção, ou consciência perfeita da prática do mal."[9]

A intenção é o plugue mental de ligação com o manancial infinito da Misericórdia Paternal. Por ela atraímos para nós todos os recursos defensivos e multiplicadores da nossa força interior. Talvez por essa razão o Sábio Nazareno tenha afirmado:

---

[6] *O evangelho segundo o espiritismo* – capítulo 8 – item 19
[7] *O livro dos espíritos* – questão 747
[8] *O livro dos espíritos* – questão 949
[9] *O livro dos espíritos* – questão 954

"Bem-aventurados os limpos de coração, porque eles verão a Deus."[10]

A pureza é a frequência mental da liberdade e a identificação dos homens felizes, que jamais estão sozinhos, mas guardam a sublime capacidade de escolherem, essencialmente, conforme suas preferências, os caminhos da existência.

Judas com intenções amorosas sucumbiu sobre os açoites do poder e traiu. Pedro com fiéis intenções descuidou da vigília e negou. A mulher adúltera que recebera o apodo da multidão foi amparada por Jesus, que sabia da nobreza de suas intenções perante a vida. Saulo, o perseguidor implacável, trazia na alma intenções louváveis com o bem e Jesus descerrou-lhe os olhos das escamas da ilusão. Nicodemos possuía aspirações de valor mesmo constrangido pelo preconceito. Tiago, por amor à Casa do Caminho, consorciou-se ao Judaísmo, permitindo concessões doutrinárias.

Perdoem-me ser tão breve em minha fala. Dona Modesta já explicou os motivos. Estarei em tarefa socorrista daqui a alguns minutos. Sem delongas, desejo êxito no futuro de vocês. Que este grupo de reencontro alcance sua legítima aspiração no encalço de suas mais nobres intenções.

Paz aos seus corações!

---

[10] Mateus 5:8

Ermance Dufaux

Epílogo

O Que Buscamos na Vida?

"Pedi e se vos dará; buscai e achareis; batei à porta e se vos abrirá; porquanto, quem pede recebe e quem procura acha e, àquele que bata à porta, abrir-se-á."

(Mateus 7:7)

O evangelho segundo o espiritismo – capítulo 25 – item 1

Encerrada sua fala, Calderaro despediu de todos com fraternal abraço. Em seguida, dona Modesta tomou a palavra com a seguinte indagação: quais foram seus sentimentos ante a fala de Calderaro?

Havia um silêncio generalizado. A palestra conduzira a um mundo de profundas reflexões. Vinte minutos explanados, deixara reflexões para décadas. Dona Modesta, percebendo o estado mental dos participantes, aguardou paciente até quando Anésia se pronunciou:

— Como conceituar a intenção?

Assumindo a condução das ideias, a supervisora passou a ler em uma lauda, rascunhada à mão pelo próprio Calderaro, que fornecera extenso material didático ao grupo.

— O conceito aqui colocado por Calderaro é bastante amplo. Diz ele: é a força de atração que emana da alma capaz de aglutinar, ordenar e equilibrar todos os seus potenciais e experiências. Essa força cria o campo de gravidade que organiza e sustenta o mundo mental. Podemos chamá-la de "eixo de alinhamento da vida mental", porque ela se estende da alma até o inconsciente, passando pela sombra, pelo ego e pela consciência, sendo o potencial ordenador da saúde íntima. Imaginemos a mente como vários círculos concêntricos e a intenção como sendo um traço perpassando todos os círculos. A intenção é a manifestação inconsciente da alma na busca de seus compromissos e necessidades de crescimento. Todos trazemos essa energia instintiva de melhora. Ela é a divina reguladora da paz consciencial. O bem é a Intenção do Criador na Obra da Criação. Todas as criaturas trazem em latência os germens dessa Intenção Absoluta e Irrevogável. O amor é a manifestação afetiva que repousa sobre as intenções mais puras. Intenção é algo entre a criatura e o Criador.

— Dona Modesta, – remendou Anésia – diante desse conceito, temos uma intenção ou várias intenções?

— Temos a intenção referida no conceito de Calderaro que é a organizadora da vida mental do Espírito. Essa intenção-base é tecida nos sucessivos roteiros reencarnatórios da alma na medida que consegue expressar em suas realizações e atitudes os apelos profundos do ser perfeito, que se encontra latente em cada um de nós. Dessa intenção-matriz são gerados os desejos, depois os interesses e por fim as inclinações. A essas variáveis da vida moral costumamos chamar intenções periféricas. Intenção é diferente de desejo. A intenção básica é aquela que norteia as aspirações e escolhas do homem em direção a Deus. Os desejos são metamorfoses dessa intenção-matriz que se fermentam sob ação dos reflexos no automatismo da vida mental. A intenção tem a vontade como alavanca de suas expressões, enquanto o desejo é o palco onde se apresentam as emoções e a motivação – elementos

Ermance Dufaux

componentes da tessitura do sentimento. Vontade é a manifestação inteligente da intenção. Desejo é o reflexo instintivo da intenção.

— Tecida em várias reencarnações?! Achava que intenção era fruto de uma escolha ou algo mais corriqueiro.

— Não, Anésia. A intenção é uma conquista sublime do Espírito depois da aquisição da razão. Podemos falar em mais de quarenta mil anos – em nosso caso – para sua formação. Não podemos confundi-la com interesse. A intenção é o que buscamos na vida. O interesse é o que desejamos. A primeira vem da alma, o segundo do ego. Um é divino, um processo afinado com o *self*. O outro é transitório, conforme a natureza das vivências.

O grupo absorvia contrito o diálogo. Quando surgiu ocasião, indagou um dirigente paulista:

— Dona Modesta, como saber qual a nossa intenção ou ainda as nossas intenções?

— Quando soubermos responder a essas perguntas: O que quero da vida? Que buscamos ante a oportunidade concedida de renascer no corpo? Qual o "Plano de Deus" para meu caminho? Qual minha missão na colmeia cósmica? Que desejo de minha existência? Quanto mais consciência de nossas necessidades e valores, mais clareza possuímos diante de nossa intenção básica, aquela que norteia a rota evolutiva do Ser. Compreendamos que essa consciência de si não é uma noção racional, mas sentida. Muita diferença existe entre dizer "sei que preciso" e "sinto que preciso." Quando sentimos o que precisamos no carreiro do crescimento espiritual, estamos criando uma sintonia com as aspirações subjetivas da alma. Em verdade, a maioria de nós passa a encarnação sem conhecer sua real intenção estrutural. Quase sempre, se gasta a metade da vida corporal para começar a investigá-la e a outra metade para entendê-la. Razão pela qual, muitos só a sentirão, de fato, depois da morte. Pouquíssimos são os que conseguem identificá-la ao longo do trajeto na carne.

De súbito, ouviu-se um choro discreto seguido de soluços angustiantes. Todos olharam para a mesma direção. A mesma Anésia, que formulara as perguntas anteriores, trazia as mãos tampando o rosto em pranto sofrido. Dona Modesta, preparada para essa eventualidade, levantou-se com lenços à mão, assentou-se ao lado de Anésia, abraçando-a, pedindo a todos um instante para sua recomposição. Todos permaneceram em silêncio procurando sentir o ensejo. Anésia despejava extensa energia de angústia reprimida. Um pouco refeita, a supervisora estimulou-a a desabafar.

— Perdoem-me pelo descontrole, amigos queridos! A fala de Calderaro conduziu-me a muitas lembranças da última encarnação. Sabe, dona Modesta, fui uma mulher obediente... talvez servil. – falava engasgando as palavras e de olhar cabisbaixo. Lar e profissão, vizinhança e amigos de doutrina, sempre segui ordens, ouvi opiniões, e... – quase desistindo de falar foi incentivada pela benfeitora a continuar – creio que nunca expressei o que queria realmente!

— Continue, Anésia. Tenha força para falar, aproveite a ocasião apropriada.

— Sinto-me agora como se tivesse passado a vida sem vontade própria! Adorei tudo que fiz. Não se trata de arrependimento. Filhos, marido, companheiros e tarefas

Ermance Dufaux

foram bênçãos na minha vida – começou a pronunciar-se com mais tranquilidade. Tenho, porém, a sensação que a vida passou por mim e não eu por ela! Esse é o meu mais puro sentimento diante dessas colocações que acabei de ouvir. É como se não tivesse sido eu mesma, entendem? – dirigiu-se a todo o grupo. Um vazio... Será que passei a existência sem seguir minhas reais intenções? Será que deveria ter me imposto mais ante os compromissos e aceitado menos as opiniões e ideias? Não me culpo por nada do que fiz, entretanto, essa palestra trouxe para minha vida consciente a sensação de que deixei de fazer o quanto desejava. Porém, o tempo se foi e ficou a sensação. Podemos ter nossas intenções prejudicadas pelas opiniões alheias? O que está acontecendo comigo, dona Modesta?

— Anésia, faço o registro de um sentimento pulsante em sua alma neste instante. Manifeste-o sem pensar.

Anésia parou por um instante, suspirou e falou sem pensar:

— Ah! Sabem o que eu queria mesmo neste instante? Estar no corpo de novo. Um corpo belo, saudável e recomeçar tudo.

— Fale mais; por exemplo: com quais pessoas regressaria? O que faria no recomeço?

— Posso ser sincera?

— Fale rápido antes que perca o "fio"...

— Eu queria mesmo é voltar sozinha e fazer muitas, muitas coisas maravilhosas para mim e para outras pessoas. Acreditar mais em mim, nos meus valores. Viver uma experiência em que pudesse cuidar e ter responsabilidades graves somente comigo mesma. Às vezes tinha muita raiva dos amigos espíritas que só enxergam defeitos, defeitos e defeitos. Se alguém possuía algo bom não podia manifestar. Era vaidade! Personalismo! Quer saber de uma coisa?

— Fale Anésia! Não meça palavras.

— Devia ter dado menos atenção a muitas opiniões dos espíritas e seguido mais o meu coração. Creio que tinha muito mais bondade no coração que nas palavras de muitos companheiros de ideal. Desculpe a franqueza. Não desejo ofender ninguém, apenas acreditar no que sinto. Longe de mim a ideia de fazer imagem de alguém superior.

— Não peça desculpas, Anésia. Tire essa palavra da boca e fale mais. Sou sua testemunha sobre sua sinceridade. É assim que se operam as finalidades desta tarefa. Prossiga!

— A sensação que tenho mesmo pensando nesta explosão de ideias é que era mais espírita que eu mesmo imaginava, mas não prezei, não valorizei e deixei que os outros dessem o valor de seus julgamentos às minhas atitudes e decisões. Tenho uma enorme raiva disso, dona Modesta. Que raiva que me vai à alma quando lembro de coisas!...

— Ponha para fora agora, minha filha. É uma ordem! – falava com firmeza a supervisora no intuito de encorajar.

— Por entre soluços agonizantes e palavras engasgadas, Anésia colocava um peso para fora. Era um tratamento necessário, inadiável e dona Modesta sabia disso.

— Tive medo de acreditar em mim. Por isso, sim, me arrependo amargamente. Deixei que o julgamento alheio me invadisse a convicção e obstruísse a capacidade de formar meu autoconceito. Como detesto a ideia da obsessão! A vida inteira ouvia dizer sobre obssessores, obsessores... Morri e onde estão eles? Não os tinha? Ou venci a obsessão? No fundo quer saber? Acho que nunca tive obsessão, eu fui a obsessora!

— Isso! Ótimo, Anésia! – entusiasmava-se dona Modesta como se algo especial acabasse de ocorrer na tarefa em curso.

— Ou quem sabe os irmãos com essas ideias caóticas é que foram meus verdadeiros obsessores?... Gostava das tarefas. Confesso, porém, não era feliz. Será que podia ser feliz? Será que merecia? Onde as respostas? – recomposta das lágrimas, Anésia agora dava sinal de extrema lucidez. Só sei que no fundo algo me diz: você ainda pode ser feliz. Você merece ser feliz. Não sei o que vou ouvir da senhora quando acabar essa crise passageira de loucura, contudo, não vou deixar ninguém me tirar essa convicção. É como se a guardasse há muito tempo dentro de mim, esperando que eu tomasse posse do meu querer. Tenho extrema ânsia de ouvir o que sinto. E o que sinto é nobre, verdadeiro, particular. Quero conhecer lugares, ajudar pessoas, cuidar de mim, ouvir opiniões, mas não segui-las se assim me convier. Construir minha autonomia sem arrogância. Ter paz na alma. Quero viver o Espiritismo conforme minhas necessidades e virtudes particulares. Quero ter liberdade para usar em favor do bem. Quero ter autonomia para gozar do direito de escolher, sem querer ser a melhor ou me escravizar a padrões que não atendem mais as minhas necessidades de crescimento. Eu sei que mereço. Quero tomar conta do meu querer. Ser gerente de minhas intenções e nelas acreditar. Minha intenção é o meu tesouro que desprezei, dona Modesta – indagou Anésia com um lindo sorriso nos lábios e de semblante mais leve – aproveitando, que parece que enlouqueci de vez, queria saber: tem férias no mundo espiritual?

— Sim, elas existem! Existem para as pessoas que aprendem a se amar e ao seu próximo. Existem férias de si mesmo e das loucuras que os outros acham que devemos ser. Uma experiência maravilhosa.

— Então eu quero uma, e bem longa de preferência! – todos deram espontâneas gargalhadas.

— Você terá uma, só que definitiva. As férias da conquista de si mesmo. Um prêmio para almas que aprenderam a ser obedientes e pacientes aos desígnios da vida e alcançaram no átrio sagrado da alma a capacidade de escolher seus caminhos novos em busca de outras lições, mantendo-se moralmente eretas, embora ninguém acredite que possam. Mantendo-se firmes, conquanto com outros obstáculos a transpor na caminhada, que não aqueles que as pessoas acreditam ser os seus.

— Desculpem-me todos pelas besteiras que acabei de falar! Perdoem-me por ser tão egoísta.

— Isso não é egoísmo, Anésia. Vindo de almas que se deram tanto ao bem como você, esse sentimento chama-se desejo de se amar, autoamor, valor pessoal. Deus está devolvendo a você o direito de senti-Lo em si ou através de si mesma. Essa é a Lei. Quando sentimos Deus apenas no outro, esse outro se vai e ficamos apenas com nós mesmos. Deus muitas vezes "Se

Aparta", porque não o trazemos em nossos sentimentos. Amando-nos, estamos em conexão contínua com o Pai, tanto quanto Ele sempre está conosco. A obra de amor que oferecemos ao próximo tem que pertencer igualmente a nós.

— Autoamor?!

— Sim, minha filha! Conhecer nossa intenção básica, travar contato com as aspirações dela emanadas e saber construir nossa autonomia em atitudes sadias e altruístas constituem o maior ato de amor a si próprio que a alma pode expressar.

— Só que sinto que deixei de me amar tanto quanto devia.

— Tanto quanto devia não. Tanto quanto merecia!

— Por isso essa sensação de vazio?

— Exatamente.

— Segui demais as opiniões alheias?

— Digamos, minha filha, usando uma expressão bem humana, que você "pegou carona" nos conceitos alheios e abdicou-se de gestar suas próprias convicções, abriu mão de construir seus próprios significados. Viveu o Espiritismo pelas vias informativas e preteriu – sem o querer – os sentidos oriundos da individualidade excelsa através das vias inspirativas. Você, como muitos espíritas, teve medo de formular conceitos pessoais adequados às suas necessidades específicas.

— Dona Modesta! Conceitos pessoais?! Isso não será o famoso "achismo"?

— Sem dúvida! É isso mesmo. Com uma fundamental diferença.

— Qual?

— Esse "achismo" dos espíritas generalizou-se como sendo sinônimo de atitude contraproducente. Em quaisquer situações, a ação de emitir parecer ou teorizar à luz do Espiritismo. Entretanto, a beleza dos conceitos espíritas ganha luz e encanto a partir da maturação de seus princípios em cada um de nós. Quando a experiência fundamentada nos conceitos de imortalidade e ascensão transforma-se em caminhos criativos na intimidade, nascem os rumos da diversidade humana, os caminhos inexplorados. Todavia, por faltar a ousadia de investigar, a coragem da convicção acrisolada no tempo – postura adotada com excelência pelo codificador -, perdemos a oportunidade de aprender e de nos expressar.

— Dona Modesta! Se eu fosse a senhora, falaria bem baixinho para que os confrades reencarnados nunca ouçam essas heresias – expressou Anésia gracejando de sua própria colocação.

— Anésia! Anésia! Esteja certa de que tão logo me seja possível, escreverei a nossos irmãos falando às claras sobre este assunto.

— Jesus! Já não chegam os personalismos do movimento!... Se incentivarmos as opiniões pessoais...

— Minha filha, não posso me esquecer de dizer também que, antecedendo convicções íntimas e os caminhos criativos, devemos ter o endosso da maturidade, do equilíbrio, do esforço de realização no bem, isto é, opiniões pessoais centradas em

Ermance Dufaux

vivência. O que não podemos é furtar a capacidade realizadora de nós mesmos e a ocasião de ampliar o bem através de nossas próprias iniciativas. Farei isso para que inúmeros discípulos prontos para decidir sobre seus destinos não carreguem para cá a frustração que toma conta do seu coração neste instante, compreende Anésia?

— Sim, dona Modesta! A senhora tem razão! No meu caso, se avisada a tempo sobre tais ideias, certamente encontraria mais coragem para enfrentar a minha acomodação e desenvolver minha estrada pessoal de ascensão.

— Ouvir mais a consciência, o coração, os instintos. Ser seletiva em relação às críticas alheias.

— Eis uma dúvida! E quanto aos julgamentos alheios das pessoas com as quais convivi; prejudicaram-me?

— As pessoas de seu caminho foram excelentes condutores de sua vida. Acontece que poucos de nós estamos maduros o bastante para respeitar o livre caminhar uns dos outros. Via de regra, queremos tornar o outro em "o mesmo", ou seja, anular a diferença para que seja igual a nós. Assim como, também, nem sempre sabemos zelar pelas nossas escolhas e não nos permitir ser desrespeitados e ter nossos limites invadidos. A convivência é a escola bendita de almas da qual nenhum de nós pode se afastar totalmente. Todavia, existem alguns pontos na vida de relações que se tornam essenciais para torná-la educativa espiritualmente: a preservação dos limites, o estímulo à autonomia e a celebração da diversidade. Somente o diálogo, enquanto instrumento de manifestação das intenções, pode ajustar os relacionamentos para o cumprimento dessas características. Especialmente o diálogo no qual manifestamos o que sentimos sem receio de rejeição.

— Ah, dona Modesta! Se existe algo que não fiz durante a minha última reencarnação foi isso. Resguardar meus sentimentos, falar deles sem medo do que ouviria. Acovardei diante do que pretendia, pois teria que fazer escolhas difíceis.

— Você não imagina quantos são os que passam a vida adiando escolhas por medo.

— Tinha medo de estar sendo egoísta.

— Suas intenções eram más?

— Creio que não. Como posso saber? Tinha receio de estar iludida, obsediada. Os tais chavões dos espíritas... Sabe como é?! Acho que nunca fui preparada para ser eu mesma, externar meus pontos de vista sem desejar que fossem verdades para todos, desafiar os padrões e, apesar disso, continuar convivendo pacificamente com todos os companheiros e todas as ideias.

— Não existem escolhas sem riscos. Principalmente aquelas que dizem respeito à nossa paz.

— Como gostaria de ter alguém para dizer-me o que fazer!

— E perder seus méritos?!

— E se minhas escolhas fossem erradas?

— Pelo menos não teria esse vazio por dentro.

— Mas poderia ter falhado em outras áreas...

Ermance Dufaux

— Para quem se ama, a falha é nota aferidora para um recomeço melhor. Deixar de tentar é falha maior que buscar a experiência.

— E para quem não tenta...

— Não há nota! O maior fracasso da vida não é escolher errado. É passar a vida sem existir. Quem se ama tem a si mesmo. Percebeu-se como Filho e Co-criador universal. Por essa razão, sente-se em plenitude.

— Ante tudo isso, invadia-me um medo de que poderia gostar demais de mim e esquecer o mundo. Mais a mais, houve vezes em que desejei dar um "basta", largar tudo e parar. No entanto, não sabia para quê. Então terminava desistindo e tudo ficava do mesmo modo.

— Essa a diferença para quem sabe o que busca da vida, qual é sua real intenção, o que quer e como fazer para alcançar.

— Tinha medo do que aconteceria se decidisse pelo meu querer. Não sei se sustentaria minha escolha.

— Diz o doutor Carl Gustav Jung:

"As pessoas, quando educadas para enxergarem claramente o lado sombrio de sua própria natureza, aprendem ao mesmo tempo a compreender e amar seus semelhantes."[1]

— Por que temos essa sensação de egoísmo na atitude de nos amarmos?

---

[1] The Collected Works of CG Jung – Volume 7, par. 28

— Porque já pensamos excessivamente em nós de maneira inconveniente. Autoamor é pensar em nós da forma que convém ao bem.

— Que frustração a minha!

— É muito interessante! – exclamou a benfeitora como se vagueasse a mente por insondáveis recordações.

Anésia e os demais participantes ficaram sem entender a fala de dona Modesta.

— Também tive minhas frustrações! – completou dona Modesta como quem traria um ensino profundo a todos os presentes. Frustrações opostas às suas, minha filha.

— Opostas?! – indagou Anésia.

— Você se diz frustrada por omitir sentimentos. De minha parte, frustrei-me por acreditar em demasia no que sentia.

— Será possível?!

— Por conta disso fui corajosa, determinada, convicta, mas acabei, em diversas ocasiões, nos braços da arrogância. Há quem deteste meu nome até hoje em Uberaba, quiçá em outras plagas...

— Não acredito, dona Modesta!

— Pode acreditar! Tenho meus traços de imperfeição e não são poucos. Certos sonhos e desafios custaram-me perdas afetivas lamentáveis que até hoje ainda não concluí se valeram a pena. Fui rica de afetos e milionária de desafetos nas duas esferas de vida por conta desses excessos.

— Mas ser cordata e medrosa como fui também não é o ideal. Possivelmente se manifestasse o que desejava, perderia a maioria dos laços que me paparicavam – expressou Anésia.

— Você tem valores que ainda não possuo, minha filha. Foi vitoriosa porque optou pelas concessões. É a renúncia total. Algo que ainda não aprendi suficientemente.

— No entanto, do que me valeu, dona Modesta? Veja o que acabei de expor aqui no grupo. Quer saber? Sinto-me em frangalhos por não ter sido quem sou e não ter defendido minhas reais intenções!

— A vida é feita de escolhas. Nem a omissão, nem as muitas certezas são bons caminhos para a paz nas relações com o outro e consigo próprio. Quando imaturos na doutrina, costumamos colocar projetos acima da bondade uns com os outros. Para preservar programas de trabalho e convicções conceituais, passamos por cima das relações de amor. Se eu pudesse, voltaria no tempo e refaria muitas decisões.

— Por minha vez, se pudesse, voltaria no tempo e pensaria mais em mim.

— A convivência tem um ponto delicado. Aqueles que mais convivem conosco cometem, quase sempre, um grave equívoco. Supõem conhecer com exatidão a natureza de nossas intenções. Para nosso estágio evolutivo é quase impossível conviver sem julgar, e julgar significa interpretar intenções através das atitudes. Nesse terreno falhamos consideravelmente, para não dizer completamente. O nome dessa atitude é obvia no dicionário moral, conquanto tenhamos imensa resistência em aceitá-la no coração.

— Que atitude é essa?

— Arrogância, a supervalorização de si mesmo.

— A senhora tem razão! Nunca senti esse tema como agora. Temos que ser muito arrogantes para querer saber mais do outro que de nós mesmos!

— Em relação ao mundo íntimo alheio, podemos especular e analisar, sempre no intuito da compaixão e da solidariedade. Tudo, porém, só tem valor real quando é viável o diálogo honesto e desapaixonado de interesses pessoais para que o conhecimento mútuo flua na relação, consolidando elos de verdadeira confiança e consistência afetiva. Além disso, penetrar no terreno sagrado do coração alheio exige a extrema habilidade da ternura. A convivência cristã deve ser honesta, porém, não cruel. Quem queira destruir ilusões de outrem a golpes de sinceridade mórbida, certamente semeará a discórdia. Quando o amor ilumina nosso verbo, a escuridão da arrogância dilui-se ante os raios da bondade e da humildade. Quanto mais autoridade consciencial guarda o Espírito, mais amável e cordato, despretensioso e cooperativo é a sua expressão, ainda que, em ocasiões de necessidade, tenha que usar da energia e da determinação.

— Fico a pensar como deveria ter falado mais de mim! O que sentia, o que desejava! Permiti que interpretassem minhas intenções e, incrível... Eu mesma acreditei no que interpretaram!

— Quando definimos a intenção de alguém, julgamos. Quando apegamos aos nossos julgamentos, abrimos a porta da arrogância para a entrada dos monstros da inimizade, da incompreensão e da antifraternidade. Enquanto criticamos uns aos outros, repletos de

Ermance Dufaux

certezas em nossos julgamentos, estamos mais separados, mais frágeis, menos produtivos. A arrogância de um lado e a omissão de outro são extremos de uma mesma questão: nossa necessidade espiritual de Evangelho nos sentimentos e de paciência para com as imperfeições uns dos outros.

— Fui uma muda que falava!

— Não é só você, minha filha, que passa por isso. A grande maioria da humanidade experimenta na atualidade essa "mudez emocional".

— Como tratar essa mudez?

— Não é a mudez que precisa ser tratada, mas a surdez.

— Surdez? Somos surdos também no campo emocional?

— Não sabemos falar dos sentimentos, porque não aprendemos a ouvi-los, escutá-los. Não sabemos a sua linguagem, portanto, não há como cuidar do coração. Quando nos amamos, queremos saber o que nos vai à alma, quais nossos desejos, o que ansiamos para nós. Quando nos envolvemos na psicosfera do autoamor, encantamos pelo que somos, até mesmo pelas deficiências. De posse disso, mensuramos a vida que nos cerca e, mesmo que não possamos fazer nada para mudá-la por fora, saberemos preservar-nos intimamente nas aspirações de crescer e ser feliz.

— A questão, portanto, não são os amigos, familiares, os grupos... A questão é nosso mundo interior, certo?

— Se não temos força para zelar pelo que sentimos, considerando que é no sentimento que nos individuamos para Deus, quem cuidará de nós? O que sentimos é único, ímpar, exclusivo e verdadeiro. Que ética adotaremos a partir do que sentimos é outra questão. Diz o Evangelho que "quem procura acha", e o ato de procurar é a ânsia da alma em busca de si mesmo, sua realidade profunda, seu *self* divino. A habilidade de se amar reside na capacidade de devassar as sombras interiores à procura do inestimável tesouro das nobres intenções da alma. De posse desse tesouro, a criatura encontra o referencial indispensável para se conduzir em busca de sua missão particular perante a vida. A intenção é o mais seguro endosso de autoridade perante a consciência. Quando a conhecemos nos roteiros da espiritualização, ainda que não tenhamos conquistado a coerência desejável na conduta, ela nos garante o estímulo para persistir na busca das metas que acalentamos e das aspirações que ecoam da alma para o mundo dos sentidos.

Nossa intenção será conhecida na medida que aprendermos a linguagem dos sentimentos. Ela se expressa e entrelaça com tudo aquilo que sentimos. Consideremo-la como sendo o reflexo do Plano do Criador a nosso respeito; para entendê-la teremos de criar uma relação muito honesta e atenta com o que vem do coração. Teremos de escutar nossos sentimentos.

A intenção é a zeladora de nossos destinos. Por ela cumprimos nossa missão enquanto seres em crescimento na Obra Paternal. A frequência individual da intenção é capaz de nos dirigir, impulsionar e proteger para a Grande Meta das nossas existências. A questão é saber distinguir nossas intenções das alheias. Existe, portanto, uma "Teia da Intencionalidade" na qual nos encontramos inseridos. A intenção-matriz

Ermance Dufaux

nasce no corpo mental e sustenta a frequência vibratória da criatura no patamar de sua evolução real.

***

Assim são os grupos de reencontro.

Nesta tarde o tema estacionou nas vivências de Anésia. Entretanto, apesar de calados, o coração de todos pulsava em profunda interação.

Aquelas cenas de riqueza moral e liberdade ensejavam-nos uma pergunta: quando será, Meu Deus, que nossos centros de amor cristão e espírita na Terra se tornarão réplicas dos grupos de reencontro para auxiliarem os homens a entender o que buscamos na vida?

A tarefa estava a ponto de ser encerrada, quando chegou o doutor Inácio Ferreira. Após os cumprimentos, dona Modesta pediu que ele contasse algum caso que ilustrasse o tema daquela tarde.

De olhos voltados para o Mais Alto, buscando inspiração, o médico uberabense, contagiado por vibrações superiores, narrou o caso "Receituário Oportuno", referente ao atendimento realizado há alguns dias no Hospital Esperança narrado no início desta obra.

Ficha Técnica

Título
Escutando sentimentos

Autoria
Espírito Ermance Dufaux
Psicografia de Wanderley Oliveira

Edição
1ª

ISBN
978-85-63365-03-3

Capa
Andrei Polessi e Fernanda Ficher

Projeto gráfico
Priscilla Andrade

Revisão da diagramação
Nilma Helena

Revisão ortográfica
Cecília Beatriz e Juliana Biggi

Coordenação e preparação de originais
Maria José da Costa e
Nilma Helena

Composição
Adobe Indesign, plataforma Windows

Páginas
257

Tamanho do miolo
Miolo 16x23
Capa 16x23 com orelhas

Tipografia
Texto principal: Cambria 12pt
Título: Caslon540 BT 48pt
Notas de rodapé: Cambria 10pt

Margens
22 mm: 25 mm: 28 mm: 22 mm
(superior:inferior:interna;externa)

Papel
Miolo Papel Pólen 80g/m²
Capa Duo Design 250g/m²

Cores
Miolo 1 x1 cores CMYK
Capa em 4 x0 cores CMYK

Impressão
AtualDV (Curitiba/PR)

Acabamento
Miolo: Brochura, cadernos
costurados e colados.
Capa: Laminação fosca

Tiragem
Sob demanda

Produção
Setembro / 2021

NOSSAS PUBLICAÇÕES

SÉRIE AUTOCONHECIMENTO

DEPRESSÃO E AUTOCONHECIMENTO - COMO EXTRAIR PRECIOSAS LIÇÕES DESSA DOR

A proposta de tratamento complementar da depressão aqui abordada tem como foco a educação para lidar com nossa dor, que muito antes de ser mental, é moral.

Wanderley Oliveira
16 x 23 cm
235 páginas

ebook

FALA, PRETO VELHO

Um roteiro de autoproteção energética através do autoamor. Os textos aqui desenvolvidos permitem construir nossa proteção interior por meio de condutas amorosas e posturas mentais positivas, para criação de um ambiente energético protetor ao redor de nossas vidas.

Wanderley Oliveira | Pai João de Angola
16 x 23 cm
291 páginas

ebook

QUAL A MEDIDA DO SEU AMOR?

Propõe revermos nossa forma de amar, pois estamos mais próximos de uma visão particularista do que de uma vivência autêntica desse sentimento. Superar limites, cultivar relações saudáveis e vencer barreiras emocionais são alguns dos exercícios na construção desse novo olhar.

Wanderley Oliveira | Ermance Dufaux
16 x 23 cm
208 páginas

ebook

APAIXONE-SE POR VOCÊ

Você já ouviu alguém dizer para outra pessoa: "minha vida é você"?
Enquanto o eixo de sua sustentação psicológica for outra pessoa, a sua vida estará sempre ameaçada, pois o medo da perda vai rondar seus passos a cada minuto.

Wanderley Oliveira
16 x 23 cm
152 páginas

ebook

A VERDADE ALÉM DAS APARÊNCIAS - O UNIVERSO INTERIOR

Liberte-se da ansiedade e da angústia, direcionando o seu espírito para o único tempo que realmente importa: o presente. Nele você pode construir um novo olhar, amplo e consciente, que levará você a enxergar a verdade além das aparências.

Samuel Gomes
16 x 23 cm
272 páginas

DESCOMPLIQUE, SEJA LEVE

Um livro de mensagens para apoiar sua caminhada na aquisição de uma vida mais suave e rica de alegrias na convivência.

Wanderley Oliveira
16 x 23 cm
238 páginas

7 CAMINHOS PARA O AUTOAMOR

O tema central dessa obra é o autoamor que, na concepção dos educadores espirituais, tem na autoestima o campo elementar para seu desenvolvimento. O autoamor é algo inato, herança divina, enquanto a autoestima é o serviço laborioso e paciente de resgatar essa força interior, ao longo do caminho de volta à casa do Pai.

Wanderley Oliveira | Pai João de Angola
16 x 23 cm
272 páginas

A REDENÇÃO DE UM EXILADO

A obra traz informações sobre a formação da civilização, nos primórdios da Terra, que contou com a ajuda do exílio de milhões de espíritos mandados para cá para conquistar sua recuperação moral e auxiliar no desenvolvimento das raças e da civilização. É uma narrativa do Apóstolo Lucas, que foi um desses enviados, e que venceu suas dificuldades íntimas para seguir no trabalho orientado pelo Cristo.

Samuel Gomes | Lucas
16 x 23 cm
368 páginas

AMOROSIDADE - A CURA DA FERIDA DO ABANDONO

Uma das mais conhecidas prisões emocionais na atualidade é a dor do abandono, a sensação de desamparo. Essa lesão na alma responde por larga soma de aflições em todos os continentes do mundo. Não há quem não esteja carente de ser protegido e acolhido, amado e incentivado nas lutas de cada dia.

Wanderley Oliveira | Ermance Dufaux
16 x 23 cm
300 páginas

MEDIUNIDADE - A CURA DA FERIDA DA FRAGILIDADE

Ermance Dufaux vem tratando sobre as feridas evolutivas da humanidade. A ferida da fragilidade é um dos traços mais marcantes dos aprendizes da escola terrena. Uma acentuada desconexão com o patrimônio da fé e do autoamor, os verdadeiros poderes da alma.

Wanderley Oliveira | Ermance Dufaux
16 x 23 cm
235 páginas

CONECTE-SE A VOCÊ - O ENCONTRO DE UMA NOVA MENTALIDADE QUE TRANSFORMARÁ A SUA VIDA

Este livro vai te estimular na busca de quem você é verdadeiramente. Com leitura de fácil assimilação, ele é uma viagem a um país desconhecido que, pouco a pouco, revela características e peculiaridades que o ajudarão a encontrar novos caminhos. Para esta viagem, você deve estar conectado a sua essência. A partir daí, tudo que você fizer o levará ao encontro do propósito que Deus estabeleceu para sua vida espiritual.

Rodrigo Ferretti
16 x 23 cm
256 páginas

APOCALIPSE SEGUNDO A ESPIRITUALIDADE - O DESPERTAR DE UMA NOVA CONSCIÊNCIA

Num curso realizado em uma colônia do plano espiritual, o livro Apocalipse, de João Evangelista, é estudado de forma dinâmica e de fácil entendimento, desvendando a simbologia das figuras místicas sob o enfoque do autoconhecimento.

Samuel Gomes
16 x 23 cm
313 páginas

VIDAS PASSADAS E HOMOSSEXUALIDADE - CAMINHOS QUE LEVAM À HARMONIA

"Vidas Passadas e Homossexualidade" é, antes de tudo, um livro sobre o autoconhecimento. E, mais que uma obra que trada do uso prático da Terapia de Regressão às Vidas Passadas. Em um conjunto de casos, ricamente descritos, o leitor poderá compreender a relação de sua atual encarnação com aquelas que ele viveu em vidas passadas. O obra mostra que absolutamente tudo está interligado. Se o leitor não encontra respostas sobre as suas buscas psicológicas nesta vida, ele as encontrará conhecendo suas vidas passadas.
Samuel Gomes

Dra. Solange Cigagna
16 x 23 cm
364 páginas

SÉRIE CONSCIÊNCIA DESPERTA

SAIA DO CONTROLE - UM DIÁLOGO TERAPEUTICO E LIBERTADOR ENTRE A MENTE E A CONSCIÊNCIA

Agimos de forma instintiva por não saber observar os pensamentos e emoções que direcionam nossas ações de forma condicionada. Por meio de uma observação atenta e consciente, identificando o domínio da mente em nossas vidas, passamos a viver conscientes das forças internas que nos regem.

Rossano Sobrinho
16 x 23 cm
268 páginas

ebook

SÉRIE CULTO NO LAR

VIBRAÇÕES DE PAZ EM FAMÍLIA

Quando a família se reune para orar, ou mesmo um de seus componetes, o ambiente do lar melhora muito. As preces são emissões poderosas de energia que promovem a iluminação interior. A oração em família traz paz e fortalece, protege e ampara a cada um que se prepara para a jornada terrena rumo à superação de todos os desafios.

Wanderley Oliveira | Ermance Dufaux
16 x 23 cm
212 páginas

ebook

JESUS - A INSPIRAÇÃO DAS RELAÇÕES LUMINOSAS

Após o sucesso de "Emoções que curam", o espírito Ermance Dufaux retorna com um novo livro baseado nos ensinamentos do Cristo, destacando que o autoamor é a garantia mais sólida para a construção de relacionamentos luminosos.

Wanderley Oliveira | Ermance Dufaux
16 x 23 cm
304 páginas

ebook

REGENERAÇÃO - EM HARMONIA COM O PAI

Nos dias em que a Terra passa por transformações fundamentais, ampliando suas condições na direção de se tornar um mundo regenerado, é necessário desenvolvermos uma harmonia inabalável para aproveitar as lições que esses dias nos proporcionam por meio das nossas decisões e das nossas escolhas, [...].

Samuel Gomes | Diversos Espíritos
16 x 23 cm
223 páginas

ebook

PRECES ESPÍRITAS

Porque e como orar?
O modo como oramos influi no resultado de nossas preces?
Existe um jeito certo de fazer a oração?
Allan Kardec nos afirma que *"não há fórmula absoluta para a prece"*, mas o próprio Evangelho nos orienta que *"quando oramos, devemos entrar no nosso aposento interno do coração e, fechando a porta, busquemos Deus que habita em nós; e Ele, que vê nossa mais secreta realidade espiritual, nos amparará em todas as necessidades. Ao orarmos, evitemos as repetições de orações realizadas da boca para fora, como muitos que pensam que por muito falarem serão ouvidos. Oremos a Deus em espírito e verdade porque nosso Pai sabe o que nos é necessário, antes mesmo de pedirmos"*.
(Mateus 6:5 a 8)

Allan Kardec
16 x 23 cm
145 páginas

O EVANGELHO SEGUNDO O ESPIRITISMO

O Evangelho de Jesus Cristo foi levado ao mundo por meio de seus discípulos, logo após o desencarne do Mestre na cruz. Mas o Evangelho de Cristo foi, muitas vezes, alterado e deturpado através de inúmeras edições e traduções do chamado Novo Testamento. Agora, a Doutrina Espírita, por meio de um trabalho sob a óptica dos espíritos e de Allan Kardec, vem jogar luz sobre a verdadeira face de Cristo e seus ensinamentos de perdão, caridade e amor.

Allan Kardec
16 x 23 cm
431 páginas

SÉRIE DESAFIOS DA CONVIVÊNCIA

QUEM SABE PODE MUITO. QUEM AMA PODE MAIS

A lição central desta obra é mostrar que o conhecimento nem sempre é suficiente para garantir a presença do amor nas relações. "Estar informado é a primeira etapa. Ser transformado é a etapa da maioridade." - Eurípedes Barsanulfo.

Wanderley Oliveira | José Mário
16 x 23 cm
312 páginas

QUEM PERDOA LIBERTA - ROMPER OS FIOS DA MÁGOA ATRAVÉS DA MISERICÓRDIA

Continuação do livro "QUEM SABE PODE MUITO. QUEM AMA PODE MAIS" dando sequência à trilogia "Desafios da Convivência".

Wanderley Oliveira | José Mário
16 x 23 cm
320 páginas

SERVIDORES DA LUZ NA TRANSIÇÃO PLANETÁRIA

Nesta obra recebemos o convite para nos integrar nas fileiras dos Servidores da Luz, atuando de forma consciente diante dos desafios da transição planetária. Brilhante fechamento da trilogia.

Wanderley Oliveira | José Mário
14x21 cm
298 páginas

SÉRIE ESPÍRITOS DO BEM

GUARDIÕES DO CARMA - A MISSÃO DOS EXUS NA TERRA

Pai João de Angola quebra com o preconceito criado em torno dos exus e mostra que a missão deles na Terra vai além do que conhecemos. Na verdade, eles atuam como guardiões do carma, nos ajudando nos principais aspectos de nossas vidas.

Wanderley Oliveira | Pai João de Angola
16 x 23 cm
288 páginas

GUARDIÃS DO AMOR - A MISSÃO DAS POMBAGIRAS NA TERRA

"São um exemplo de amor incondicional e de grandeza da alma. São mães dos deserdados e angustiados. São educadoras e desenvolvedoras do sagrado feminino, e nesse aspecto são capazes de ampliar, nos homens e nas mulheres, muitas conquistas que abrem portas para um mundo mais humanizado, [...]".

Wanderley Oliveira | Pai João de Angola
16 x 23 cm
232 páginas

GUARDIÕES DA VERDADE - NADA FICARÁ OCULTO

Neste momento de batalhas decisivas rumo aos tempos da regeneração, esta obra é um alerta que destaca a importância da autenticidade nas relações humanas e da conduta ética como bases para uma forma transparente de viver. A partir de agora, nada ficará oculto, pois a Verdade é o único caminho que aguarda a humanidade para diluir o mal e se estabelecer na realidade que rege o universo.

Wanderley Oliveira | Pai João de Angola
16 x 23 cm
236 páginas

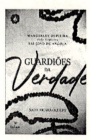

SÉRIE ESTUDOS DOUTRINÁRIOS

ATITUDE DE AMOR

Opúsculo contendo a palestra "Atitude de Amor" de Bezerra de Menezes, o debate com Eurípedes Barsanulfo sobre o período da maioridade do Espiritismo e as orientações sobre o "movimento atitude de amor". Por uma efetiva renovação pela educação moral.

Wanderley Oliveira | Ermance Dufaux e Cícero Pereira
14 x 21 cm
94 páginas

ebook

SEARA BENDITA

Um convite à reflexão sobre a urgência de novas posturas e conceitos. As mudanças a adotar em favor da construção de um movimento social capaz de cooperar com eficácia na espiritualização da humanidade.

Wanderley Oliveira e Maria José Costa | Diversos Espíritos
14 x 21 cm
284 páginas

Gratuito em nosso site, somente em:
ebook

NOTÍCIAS DE CHICO

"Nesta obra, Chico Xavier afirma com seu otimismo natural que a Terra caminha para uma regeneração de acordo com os projetos de Jesus, a caracterizar-se pela tolerância humana recíproca e que precisamos fazer a nossa parte no concerto projetado pelo Orientador Maior, principalmente porque ainda não assumimos responsabilidades mais expressivas na sustentação das propostas elevadas que dizem respeito ao futuro do nosso planeta."

Samuel Gomes | Chico Xavier
16 x 23 cm
181 páginas

ebook

SÉRIE FAMÍLIA E ESPIRITUALIDADE

UM JOVEM OBSESSOR - A FORÇA DO AMOR NA REDENÇÃO ESPIRITUAL

Um jovem conta sua história, compartilhando seus problemas após a morte, falando sobre relacionamentos, sexo, drogas e, sobretudo, da força do amor na redenção espiritual.

Adriana Machado | Jefferson
16 x 23 cm
392 páginas

UM JOVEM MÉDIUM - CORAGEM E SUPERAÇÃO PELA FORÇA DA FÉ

A mediunidade é um canal de acesso às questões de vidas passadas que ainda precisam ser resolvidas. O livro conta a história do jovem Alexandre que, com sua mediunidade, se torna o intermediário entre as histórias de vidas passadas daqueles que o rodeiam tanto no plano físico quanto no plano espiritual. Surpresos com o dom mediúnico do menino, os pais, de formação Católica, se veem às voltas com as questões espirituais que o filho querido traz para o seio da família.

Adriana Machado | Ezequiel
16 x 23 cm
365 páginas

`ebook`

RECONSTRUA SUA FAMÍLIA - CONSIDERAÇÕES PARA O PÓS-PANDEMIA

Vivemos dias de definição, onde nada mais será como antes. Necessário redefinir e ampliar o conceito de família. Isso pode evitar muitos conflitos nas interações pessoais. O autoconhecimento seguido de reforma íntima será o único caminho para transformação do ser humano, das famílias, das sociedades e da humanidade.

Dr. Américo Canhoto
16 x 23 cm
237 páginas

`ebook`

SÉRIE HARMONIA INTERIOR

LAÇOS DE AFETO - CAMINHOS DO AMOR NA CONVIVÊNCIA

Uma abordagem sobre a importância do afeto em nossos relacionamentos para o crescimento espiritual. São textos baseados no dia a dia de nossas experiências. Um estímulo ao aprendizado mais proveitoso e harmonioso na convivência humana.

Wanderley Oliveira | Ermance Dufaux
16 x 23 cm
312 páginas

`ebook` `ESPANHOL`

MEREÇA SER FELIZ - SUPERANDO AS ILUSÕES DO ORGULHO

Um estudo psicológico sobre o orgulho e sua influência em nossa caminhada espiritual. Ermance Dufaux considera essa doença moral como um dos mais fortes obstáculos à nossa felicidade, porque nos leva à ilusão.

Wanderley Oliveira | Ermance Dufaux
16 x 23 cm
296 páginas

`ebook` `ESPANHOL`

REFORMA ÍNTIMA SEM MARTÍRIO - AUTOTRANSFORMAÇÃO COM LEVEZA E ESPERANÇA

As ações em favor do aperfeiçoamento espiritual dependem de uma relação pacífica com nossas imperfeições. Como gerenciar a vida íntima sem adicionar o sofrimento e sem entrar em conflito consigo mesmo?

Wanderley Oliveira | Ermance Dufaux
16 x 23 cm
288 páginas

 ESPANHOL   INGLÊS

PRAZER DE VIVER - CONQUISTA DE QUEM CULTIVA A FÉ E A ESPERANÇA

Neste livro, Ermance Dufaux, com seus ensinos, nos auxilia a pensar caminhos para alcançar nossas metas existenciais, a fim de que as nossas reencarnações sejam melhor vividas e aproveitadas.

Wanderley Oliveira | Ermance Dufaux
16 x 23 cm
248 páginas

ESCUTANDO SENTIMENTOS - A ATITUDE DE AMAR-NOS COMO MERECEMOS

Ermance afirma que temos dado passos importantes no amor ao próximo, mas nem sempre sabemos como cuidar de nós, tratando-nos com culpas, medos e outros sentimentos que não colaboram para nossa felicidade.

Wanderley Oliveira | Ermance Dufaux
16 x 23 cm
256 páginas

 ESPANHOL

DIFERENÇAS NÃO SÃO DEFEITOS - A RIQUEZA DA DIVERSIDADE NAS RELAÇÕES HUMANAS

Ninguém será exatamente como gostaríamos que fosse. Quando aprendemos a conviver bem com os diferentes e suas diferenças, a vida fica bem mais leve. Aprenda esse grande SEGREDO e conquiste sua liberdade pessoal.

Wanderley Oliveira | Ermance Dufaux
16 x 23 cm
248 páginas

EMOÇÕES QUE CURAM - CULPA, RAIVA E MEDO COMO FORÇAS DE LIBERTAÇÃO

Um convite para aceitarmos as emoções como forma terapêutica de viver, sintonizando o pensamento com a realidade e com o desenvolvimento da autoaceitação.

Wanderley Oliveira | Ermance Dufaux
16 x 23 cm
272 páginas

SÉRIE REFLEXÕES DIÁRIAS

PARA SENTIR DEUS

Nos momentos atuais da humanidade sentimos extrema necessidade da presença de Deus. Ermance Dufaux resgata, para cada um, múltiplas formas de contato com Ele, de como senti-Lo em nossas vidas, nas circunstâncias que nos cercam e nos semelhantes que dividem conosco a jornada reencarnatória. Ver, ouvir e sentir Deus em tudo e em todos.

Wanderley Oliveira | Ermance Dufaux
11 x 15,5 cm
133 páginas
Somente ebook

LIÇÕES PARA O AUTOAMOR

Mensagens de estímulo na conquista do perdão, da aceitação e do amor a si mesmo. Um convite à maravilhosa jornada do autoconhecimento que nos conduzirá a tomar posse de nossa herança divina.

Wanderley Oliveira | Ermance Dufaux
11 x 15,5 cm
128 páginas

Somente ebook

RECEITAS PARA A ALMA

Mensagens de conforto e esperança, com pequenos lembretes sobre a aplicação do Evangelho para o dia a dia. Um conjunto de propostas que se constituem em verdadeiros remédios para nossas almas.

Wanderley Oliveira | Ermance Dufaux
11 x 15,5 cm
146 páginas

Somente ebook

SÉRIE REGENERAÇÃO

FUTURO ESPIRITUAL DA TERRA

As necessidades, as estruturas perispirituais e neuropsíquicas, o trabalho, o tempo, as características sociais e os próprios recursos de natureza material se tornarão bem mais sutis. O futuro já está em construção e André Luiz, através da psicografia de Samuel Gomes, conta como será o Futuro Espiritual da Terra.

Samuel Gomes | André Luiz
16 x 23 cm
344 páginas

XEQUE-MATE NAS SOMBRAS - A VITÓRIA DA LUZ

André Luiz traz notícias das atividades que as colônias espirituais, ao redor da Terra, estão realizando para resgatar os espíritos que se encontram perdidos nas trevas e conduzi-los a passar por um filtro de valores, seja para receberem recursos visando a melhorar suas qualidades morais – se tiverem condições de continuar no orbe – seja para encaminhá-los ao degredo planetário.

Samuel Gomes | André Luiz
16 x 23 cm
212 páginas

A DECISÃO - CRISTOS PLANETÁRIOS DEFINEM O FUTURO ESPIRITUAL DA TERRA

"Os Cristos Planetários do Sistema Solar e de outros sistemas se encontram para decidir sobre o futuro da Terra na sua fase de regeneração. Numa reunião que pode ser considerada, na atualidade, uma das mais importantes para a humanidade terrestre, Jesus faz um pronunciamento direto sobre as diretrizes estabelecidas por Ele para este período."

Samuel Gomes | André Luiz e Chico Xavier
16 x 23 cm
210 páginas

SÉRIE ROMANCE MEDIÚNICO

OS DRAGÕES - O DIAMANTE NO LODO NÃO DEIXA DE SER DIAMANTE

Um relato leve e comovente sobre nossos vínculos com os grupos de espíritos que integram as organizações do mal no submundo astral.

Wanderley Oliveira | Maria Modesto Cravo
16 x 23cm
522 páginas

LÍRIOS DE ESPERANÇA

Ermance Dufaux alerta os espíritas e lidadores do bem de um modo geral, para as responsabilidades urgentes da renovação interior e da prática do amor neste momento de transição evolutiva, através de novos modelos de relação, como orientam os benfeitores espirituais.

Wanderley Oliveira | Ermance Dufaux
16 x 23 cm
508 páginas

AMOR ALÉM DE TUDO

Regras para seguir e rótulos para sustentar. Até quando viveremos sob o peso dessas ilusões? Nessa obra reveladora, Dr. Inácio Ferreira nos convida a conhecer a verdade acima das aparências. Um novo caminho para aqueles que buscam respeito às diferenças e o AMOR ALÉM DE TUDO.

Wanderley Oliveira | Inácio Ferreira
16 x 23 cm
252 páginas

ABRAÇO DE PAI JOÃO

Pai João de Angola retorna com conceitos simples e práticos, sobre os problemas gerados pela carência afetiva. Um romance com casos repletos de lutas, desafios e superações. Esperança para que permaneçamos no processo de resgate das potências divinas de nosso espírito.

Wanderley Oliveira | Pai João de Angola
16 x 23 cm
224 páginas

UM ENCONTRO COM PAI JOÃO

A obra também fala do valor de uma terapia, da necessidade do autoconhecimento, dos tipos de casamentos programados antes do reencarne, dos processos obsessivos de variados graus e do amparo de Deus para nossas vidas por meio dos amigos espirituais e seus trabalhadores encarnados. Narra também em detalhes a dinâmica das atividades socorristas do centro espírita.

Wanderley Oliveira | Pai João de Angola
16 x 23 cm
220 páginas

O LADO OCULTO DA TRANSIÇÃO PLANETÁRIA

O espírito Maria Modesto Cravo aborda os bastidores da transição planetária com casos conectados ao astral da Terra.

Wanderley Oliveira | Maria Modesto Cravo
16 x 23 cm
288 páginas

ebook

PERDÃO - A CHAVE PARA A LIBERDADE

Neste romance revelador, conhecemos Onofre, um pai que enfrenta a perda de seu único filho com apenas oito anos de idade. Diante do luto e diversas frustrações, um processo desafiador de autoconhecimento o convida a enxergar a vida com um novo olhar. Será essa a chave para a sua libertação?

Adriana Machado | Ezequiel
14 x 21 cm
288 páginas

ebook

1/3 DA VIDA - ENQUANTO O CORPO DORME A ALMA DESPERTA

A atividade noturna fora da matéria representa um terço da vida no corpo físico, e é considerada por nós como o período mais rico em espiritualidade, oportunidade e esperança.

Wanderley Oliveira | Ermance Dufaux
16 x 23 cm
279 páginas

ebook

NEM TUDO É CARMA, MAS TUDO É ESCOLHA

Somos todos agentes ativos das experiências que vivenciamos e não há injustiças ou acasos em cada um dos aprendizados.

Adriana Machado | Ezequiel
16 x 23 cm
536 páginas

ebook

RETRATOS DA VIDA - AS CONSEQUÊNCIAS DO DESCOMPROMETIMENTO AFETIVO

Túlio costumava abstrair-se da realidade, sempre se imaginando pintando um quadro; mais especificamente pintando o rosto de uma mulher.
Vivendo com Dora um casamento já frio e distante, uma terrível e insuportável dor se abate sobre sua vida. A dor era tanta que Túlio precisou buscar dentro de sua alma uma resposta para todas as suas angústias..

Clotilde Fascioni
16 x 23 cm
175 páginas

O PREÇO DE UM PERDÃO - AS VIDAS DE DANIEL

Daniel se apaixona perdidamente e, por várias vidas, é capaz de fazer qualquer coisa para alcançar o objetivo de concretizar o seu amor. Mas suas atitudes, por mais verdadeiras que sejam, o afastam cada vez mais desse objetivo. É quando a vida o para.

André Figueiredo e Fernanda Sicuro | Espírito Bruno
16 x 23 cm
333 páginas

Livros que transformam vidas!

Acompanhe nossas redes sociais

(lançamentos, conteúdos e promoções)

🅞 @editoradufaux

f facebook.com/EditoraDufaux

▶ youtube.com/user/EditoraDufaux

Conheça nosso catálogo e mais sobre nossa editora. Acesse os nossos sites

Loja Virtual

🌐 www.dufaux.com.br

eBooks, conteúdos gratuitos e muito mais

🌐 www.editoradufaux.com.br

Entre em contato com a gente.

Use os nossos canais de atendimento

📱 (31) 99193-2230

📞 (31) 3347-1531

🌐 www.dufaux.com.br/contato

✉ sac@editoradufaux.com.br

📍 Rua Contria, 759 | Alto Barroca | CEP 30431-028 | Belo Horizonte | MG